TopBook
饕书客
一个人，遇见一本书

游牧文明与中华史

NOMADIC CIVILIZATION AND CHINESE HISTORY

大辽王朝

（中国台湾）刘学铫

著

TopBook

饕书客

陕西新华出版传媒集团

陕 西 人 民 出 版 社

图书在版编目（CIP）数据

游牧文明与中华史：大辽王朝 / 刘学铫著．—西安：陕西人民出版社，2017
ISBN 978-7-224-12550-4

Ⅰ．①游… Ⅱ．①刘… Ⅲ．①中国历史—辽代
Ⅳ．①K246.1

中国版本图书馆 CIP 数据核字（2017）第 313150 号

著作权登记合同号图字：25－2018－118

出 品 人：惠西平
总 策 划：宋亚萍
出版统筹：韩 琳
策划编辑：王 倩 张启阳
责任编辑：王 凌 关 宁
整体设计：哲 峰

大辽王朝

作　　者　（中国台湾）刘学铫
出版发行　陕西新华出版社传媒集团　陕西人民出版社
　　　　　（西安北大街 147 号　邮编：710003）
印　　刷　陕西金和印务有限公司
开　　本　787mm×1092mm　16 开　16 印张
字　　数　198 千字
版　　次　2019 年 1 月第 1 版　2023 年 1 月第 3 次印刷
书　　号　ISBN 978-7-224-12550-4
定　　价　45.00 元

前 言

从秦统一华夏（前221）到清逊帝宣布退位（1911），其间共两千一百三十二年。在这两千多年里，朝代、政权更迭频繁，粗略估算一下，总共有六七十个朝代或政权。

请看：秦、西汉、东汉、三国（魏、蜀、吴）、西晋、东晋、五胡十六国［汉（前赵）、成（成汉）、后赵（魏）、前燕、前秦、成汉、后燕、北燕、南燕、前凉、南凉、西凉、北凉、后凉、西秦、夏］、南朝（宋、齐、梁、陈）、北朝（北魏、东魏、西魏、北齐、北周）、隋、唐、五代（后梁、后唐、后晋、后汉、后周）、十国（前蜀、吴越、南汉、吴、闽、后蜀、南唐、荆南、楚、北汉）、北宋、南宋、辽、金、西夏、元、明、南明、清；而吐蕃王朝、高昌麹氏王朝、回纥汗国等都还没有计算在内。

上面所提到的这六七十个王朝或政权，国祚超过两百年的只有五个，分别是西汉（前206—25，共231年）、唐（618—907，共290年）、辽（907—1125，共219年）、明（1368—1644，共277年）及清（1616—1911，共296年）。

在这五个朝代里，如果从民族的成分来看，唐朝的建国者李氏家族是胡是汉向来是史学界争论的焦点。李渊的先人曾在鲜卑族宇文氏的北周时被赐姓“大野”氏，而高车族（也就是铁勒、敕勒）中也有大野氏，可见李氏一族有着浓厚的少数民族血统。明朝的创建者乃是古往今来许多民族混融后的汉人。至于建立辽朝的契丹族以及建立清朝的女真族（后来称为满族），则是不折不扣的少数民族。如此看来，中国历史是由多民族共同构建而成的。

以往撰写、诠释历史之人，往往对少数民族的史事一笔带过，而且经常以汉人的观点来叙述。所以，打开二十四史或其他私家撰著的历史文献，对少数民族的描述总是以对立面的文字出现，真是何其不公平。

本书希望能开史家之先河，以客观公正为执笔标准，力求展现这些建立草原帝国的民族之历史。

目录

第一章

契丹源起

源自大兴安岭以西

在中国东北地区，从南到北有一座大山——大兴安岭，这座大山的东西两侧孕育着两大系民族。

大兴安岭东侧以“肃慎系”为主，肃慎系民族的历史悠久，这一系的民族大致包括肃慎、挹娄、勿吉、靺鞨、女真等族，西方人多以“通古斯”称之。《竹书纪年》就载有：“虞舜二十五年，息慎献弓矢。”其中“息慎”就是肃慎，而《史记·五帝本纪》中也有“尧之时，北方有山戎、发、息慎”的记载，可见此系跟中原民族一样源远流长。

至于大兴安岭西侧，则有“东胡系”各民族聚居。在秦代，东胡系民族就已相当强大。

东胡分裂

后来匈奴崛起，秦二世元年（前 209），匈奴王子冒顿（音“墨毒”）杀父亲头曼单于后自立为单于。东胡见匈奴内部不稳，因此恃强向匈奴两次索要宝马、美人，冒顿单于都同意了。东胡于是食髓知味，又向匈奴索要匈奴与东胡之间无人居住的缓冲地“瓯脱”。东胡原以为可以再度得逞，想不到冒顿单于却认为“土地是国家的根本”，一尺一寸都不能割让，于是立刻动员全匈奴兵力，在出其不意的情况下讨伐东胡。而东胡还沉醉在前两次向匈奴索要宝马、美人的胜利中，满心认为这次只是要一个没人居住的瓯脱，匈奴一定会给，上上下下正在等候好消息，不料等到的却是铺天盖地而来的匈奴大军，东胡当然被匈奴打得落花流水。

东胡部落联盟因此崩解，分裂为鲜卑跟乌桓两大系。鲜卑跑到一座大山里躲了起来，还把这座大山命名为大鲜卑山；乌桓则躲到另一座大山里，也把那座大山命名为乌桓山。整个中国北方地区都成为匈奴的领土，这时大约是在秦汉之际。

因为这次惨败，鲜卑族退出历史舞台长达两百年左右。

鲜卑族躲藏的大鲜卑山，经过学者专家的考证以及考古发掘，证实就是现今的大兴安岭。大兴安岭自北向南绵亘一千二百多公里，东西宽二百多公里，山并不是很高，可是河流却很多。大兴安岭西侧是一个河流纵横、水草丰美的好地方，既可游牧，也可渔猎，当然也可以农耕，

瓯脱

据注释《史记》的史家说，“瓯脱”是介于匈奴跟东胡之间没有人驻牧的沙地，所以《史记》称之为“弃地”。日本学者认为“瓯脱”这个匈奴词汇，与今天蒙古语里的“鄂脱（或托）克”相当，都是“一块地方”的意思。

“瓯脱”既然是不能或无法驻牧或游牧的“弃地”，也就是说是一片沙漠，并无多大经济意义，东胡王要这块“弃地”，着眼点应该是在政治、军事方面。因为“瓯脱”除了是介于东胡与匈奴之间无人驻牧的弃地之外，还可解释成是介于东胡跟匈奴之间的缓冲地，双方约定不在这块缓冲地驻牧或游牧，以避免冲突。东胡王的如意算盘是想拿到这“瓯脱”地之后，东胡就进可攻、退可守。

只是农耕需要一定的技术，以当时鲜卑民族的生活习性看，估计还是以游牧为主。

鲜卑族是个庞大的族群，主要部落有慕容部、宇文部、段部等，这几个部落大约分布在大兴安岭中段；另有拓跋部，分布在大兴安岭北段；其他的像乞伏部、秃发部、乙弗部、薛干部等，可能是依附于前面所提到的那几部，在两汉（前 206—220）时这几部鲜卑究竟在哪里不易确定。一直到诸胡列国（即五胡十六国，304—439）时，他们的聚居地区才逐渐明朗起来。

大兴安岭一带固然水草丰美，但到了冬季，这里冰天雪地，想在这里生活十分艰难，这一带的游牧民族自然会往更加温暖的地方迁徙。东汉末年，中原大地内政紊乱、边政不修，已经埋下了动乱的种子，于是生活在大兴安岭中段的鲜卑族慕容部、段部、宇文部悄悄地往南迁移到辽东一带，这里不仅水草丰美，更是极适宜发展农业的地方，而且已经有一些汉人带着先进的农业技术到这里开荒耕种了。

这一部鲜卑人后来建立起诸胡列国中的前燕，之后又被前秦苻坚所灭。前秦建元十九年（383），苻坚南下攻东晋，爆发淝水之战，结果前秦战败，慕容部的子侄辈趁机陆续建立后燕、西燕、南燕和北燕等各个政权。较晚从大兴安岭北段迂回进入今天中国山西及内蒙古一带的拓跋部则先建有“代”政权，后来也被前秦苻坚所灭。但不久后，又建立了“魏”政权，这就是历史上所称的“北魏”，或称“元魏”。其他的鲜卑族中，乞伏部建有西秦政权，秃发部建有南凉政权。

这些离开大兴安岭的各部鲜卑，纷纷在中国建立政权，建元立号，其中尤以前燕跟北魏影响力最大，先后在历史上写下光辉的一页。后来北魏分裂为东、西魏，西魏被鲜卑宇文氏所篡，建立“北周”；东魏则被高欢的儿子高洋所篡，建立“北齐”。北齐承光元年（577），北周灭北齐。四年后，北周又被权臣杨坚篡夺，建立隋朝，从此，以鲜卑为名的民族，就从中国历史的政治舞台上淡出了。

契丹民族传说

鲜卑民族虽然淡出了历史政治舞台，可是在大兴安岭一带还有鲜卑人，大约在北魏太武帝在位时（424—451），另一支名为契丹的游牧民族开始登上历史舞台。

诸胡列国时代表

族名	历史概况	魏晋后主要分布地	建立的政权
匈奴	世居蒙古草原，东汉时分为南北两部，北匈奴西迁，南匈奴不断南迁，曹操将其分为左右南北中五部。分支有屠各胡、卢水胡、稽胡（山胡）等。	山西、陕西中部，甘肃西北部、青海一带。	前赵（屠各胡） 北凉（卢水胡） 夏
羯	又号羯胡、杂胡。可能来自今中亚塔什干，曾依附于匈奴，深目、高鼻、多须，信奉“胡天”教（祆教）。	太行山以西的并州诸郡，主要聚居在上党郡武乡县（今山西省榆社县）。	后赵
氐	古老民族西戎之别种，从事畜牧和农业，其种族繁多，有巴氐、白马氐、武都氐、青氐等，与汉杂处。	甘肃、陕西、四川邻接地带，集中在武都（今甘肃省成县西北）等地。	前秦 后凉 仇池（白马氐）
鲜卑	东胡的一支，初依鲜卑山，因此得名。后北匈奴西迁，进入匈奴故地。曹魏时轲比能部强盛，建立部落军事王国。其国瓦解后，东部地区有慕容部、宇文部和段部，中部有拓跋部，西部有乞伏部。	辽宁、河北、山西、内蒙古、陕西及青海等地。	前燕（慕容部） 后燕（慕容部） 北燕（慕容部） 西燕（慕容部） 南燕（慕容部） 西秦（乞伏部） 南凉（秃发部） 北魏（拓跋部） 北周（宇文部）

关于契丹民族的起源有一段相当传奇的神话故事。

相传在古时，有一个神人骑着白马，从马盂山（在今河北省平泉县境内）顺着土河向东方缓缓而来，又有一位天女驾着青牛车由平地松林（今内蒙古自治区克什克腾旗一带）沿着黄河驶去，到了木叶山时，土河跟黄河合流，神人跟天女自然也就相遇了。这两位神仙一见钟情，结为夫妻，生了八个儿子，这八个儿子各自繁衍后代，就成为最早期的契丹八部。

这段关于契丹民族起源的传说未见于《辽史·太祖本纪》，而是见于《辽史·地理志》，显然是附会的成分居多。其实每个民族的起源传说都充满了神话色彩，但是契丹人对这个传说持有虔诚的信念和尊敬的态度，每次行军及春秋大祭时，一定会用白马青牛，以示不能忘本。

契丹八部之说

神话故事里说的神人跟天女所生的八个儿子，后来繁衍成契丹最早期的八部，这八部的名称如今已难以考证，但不少史书中有一些零星记载。北魏的史书《魏书·卷一百·列传八十八·契丹传》中列有八部名称，分别是：悉万丹部、何大何部、伏弗郁部、羽陵部、日连部、匹絜部、黎部和吐六于部。

但是同样是《魏书》，《卷六·显祖纪》却载："皇兴元年……夏四月辛丑……高丽、库莫奚、契丹、具伏弗、郁羽陵、日连、匹黎尔，比六手、悉万丹、阿大何、羽真侯……各遣使朝献。"这里把具伏弗（即伏弗郁）、悉万丹、阿大何（即何大何）、郁羽陵（即羽陵）、日连、匹黎尔（即匹絜）跟契丹并列，可见北魏献文帝皇兴二年（468）时，所谓的契丹八部和《魏书·契丹传》所列的八部是不相同的，而是另有所指，只是目前已经无法查到契丹最原始的八部了。而《魏书》是北齐时魏收（505—572）所撰，应该是记载有关契丹最早的文献了。

耶律阿保机是在后梁末帝贞明二年（916）始建年号为神册。由此上溯448年，在北魏献文帝时期，契丹与北魏就有往来的记录，比起其他北方少数民族来说，这是一项很可贵的历史记录了。而在契丹民族自己的传说中，似乎又把历史往前推溯了许多世代。

神人跟天女结为夫妻，生下八个儿子，这八个儿子分别繁衍成八个部落。又经过若干世代，出现了三个精明能干的首领。第一位首领名叫"乃

契丹人引马图

此图为辽代壁画，出土于今内蒙古自治区昭乌达盟敖汉旗。牵马者披发、执棍，穿着长袍、长毡靴，棍上有铁环，马扬右后蹄。右一人戴黑色帽，穿着长袍、长靴，靴子尖头朝上，两足同时向左，似在移步，击长鼓而舞。整个画面构图丰富，形态逼真，技法娴熟，是研究辽代风俗、服饰和马具的珍贵资料

呵”，他是一具骷髅，住在穹庐中，盖着一条毛毡。每当部落有大事时，契丹人只要杀白马青牛来祭拜这具骷髅，骷髅就会现出人形，出面处理这些大事，待事情处理完毕后，乃呵又进入穹庐化为骷髅。

骷髅化为人形处理大事，当然是无稽之谈，但是从后来辽代的陵寝制度来看，可以证实契丹民族确实有这个传说。按照辽代的陵寝制度，国君驾崩后，在他的陵寝旁边会盖一座“明堂”，并设置专门的职官，按时祭奠；又设明殿学士一人，掌管诏书的制作，每当朝廷有大事时，明殿学士就以先皇的名义下诏给现任皇帝，这就是传说中骷髅化为人形处理政事的衍生制度。

第二位首领叫“喎呵”，他头顶野猪头，身披野猪皮，也是居住在穹庐中，有事则出，处理完事务又隐入穹庐。部落首领扮作野兽形象是游猎时代常见的现象，说明至少在喎呵时代，契丹还是处于游猎状态。

穹庐

穹庐最初是帐篷的意思。从匈奴时代开始，甚至是从有游牧民族开始，游牧民族都是居住在“穹庐”里的。等到蒙古族出现后，就把这种游牧民族所居住的穹庐改称为“蒙古包”。

蒙古包一般都是圆顶。但是在大兴安岭地区，由于气候湿润，水分充足，冬季雪量比较大，所以一直到今天，大兴安岭嘎仙洞附近鄂伦春人的穹庐顶还是尖的，这样冬天下雪时，雪才容易从穹庐滑落地面，减轻穹庐的负担。而穹庐的门之所以向东开，也是为了接受日照之故。

第三位首领名叫“画里昏呵”，传说他养羊二十只，每天吃十九只，第二天，仅存的那只羊又会生出十九只羊供他食用，就这样，他的食物永远吃不完。这个传说可以反映出此时的契丹民族已经从游猎时代进入游牧时代，甚至是畜牧的时代了。

历史的脚步从不会停顿，到了隋朝（581—618），契丹分有十部，可惜这十部也没有留下具体名称，今人只知道这十部既有嫡传也有外戚。唐代时，大唐国力威服东北，在契丹地区也设有八部羁縻州，这时的契丹族聚居地才有了具体的名称。现将唐时契丹八部与所设羁縻州名称呈现如下：

达稽部，峭落州；

纥便部，弹汗州；

独活部，无逢州；

芬问部，羽陵州；

突便部，日连州；

辽代乳钉纹高颈玻璃瓶

瓶高十七厘米，无色透明，含有气泡，表面有风化层。双唇，大口，漏斗形细高颈，宽扁把，球形腹，喇叭形高圈足。瓶把用十层玻璃堆成花式镂空状，口沿有一圈淡蓝色颜料，腹壁饰五圈小乳钉纹

芮奚部，徒河州；

坠斤部，万丹州；

伏部，有匹黎、赤山二州。

以上八部，据近代史学家吕思勉考证，芬问部就是古八部的羽陵部，突便部是日连部，芮奚部是何大何部，坠斤部是悉万丹部，伏部是匹絜部，其余达稽、纥便、独活三部无法断定跟古八部的关系。但吕思勉只从唐代在契丹民族聚居地区所设的羁縻州名称做比较，忽略了古八部早已流失的事实，所以他的结论大有商榷的余地。而且上面所列的八部统统是契丹大贺氏，更与原来的八部无关了。

臣服突厥

在这段晦暗不明的历史之后，至南北朝后期的北齐时（550—577），契丹的历史才逐渐明朗。据《辽史·卷三十二·营卫志·部族》记载："奇首八部为高丽、蠕蠕所侵，仅以万口附于元魏，生聚未几，北齐见侵，掠男女十余万口，继为突厥所逼，寄处高丽，不过万家。部落离散，非复古八部矣。别部有臣附突厥者，内附于隋者，依纥臣水而居，部落渐众，分为十部，有地辽西五百余里。唐世大贺氏仍为八部，而松漠，玄州别出，亦十部也。遥辇氏承万荣可突干散败之余，更为八部，然遥辇、迭剌别出，又十部也。阻午可汗析为二十部，契丹始大。"

从以上史料可以看出，契丹第一位有史可查的历史人物是奇首可汗，他所带领的契丹部落曾受到高丽、蠕蠕（即柔然）的侵袭，只剩下极少数人口投靠元魏（即北魏），并在北魏的庇护之下休养生息，人口才又多了起来。

后来北魏分裂为东魏、西魏，东魏被权臣高欢之子高洋所篡，建立北齐；西魏则为鲜卑宇文氏所篡，建立北周。北周、北齐对立初期，北齐实力强过北周，所以北齐向东发展时，自然就碰上了契丹，而刚刚崛起的契丹，实力当然不敌北齐。

突厥起源于今天的阿尔泰山一带，一直臣服于柔然。由于阿尔泰山产铁，所以突厥就成为柔然的锻奴，专门替柔然锻造兵械。到了诸胡列国时代末期（约四五世纪初），突厥人口大量增加，也有了相当实力。

突厥首领想娶柔然的公主为妻，没想到被柔然羞辱了一番，这下激怒了突厥首领，就自立为可汗，并起兵攻打柔然，几乎是每战皆胜，柔然因此溃败，最后降于北魏。

突厥占据了大漠南北后，力量更是渗入西域乃至中亚。后来北齐、北周争相向突厥示好，每年向突厥进贡物品的车辆络绎于道。突厥可汗在踌躇满志之余曾说："只要我南边齐、周这两个儿子孝顺，又何愁没有物资进贡呢？"

突厥强大时，大兴安岭西端的大草原全在突厥的控制之下，契丹岂能幸免？所以原始的契丹八部早已不存在了。一直到唐代，契丹的八部之说才比较可信。

内属于唐

唐太宗贞观二十一年(647)，太宗亲自率兵征伐高丽，大军到营州(今辽宁省朝阳市朝阳县)时，契丹首领窟哥前来谒见，请求内属于唐。第二年，唐朝以其地设为松漠都督府，以窟哥为都督，并赐姓李，封为无极县男，并且将契丹大贺氏八部连同新设的玄州一律设为羁縻州。松漠都督府的位置大致在西辽河流域，即今天的内蒙古自治区科尔沁左翼中旗、后旗，通辽市，赤峰市翁牛特旗及克什克腾旗一带。

后来，辽的始祖涅里（或作泥礼雅里）让位给迪辇祖里，就是阻午可汗。唐朝赐迪辇祖里姓李名怀秀，并且拜他为松漠都督，等于承认阻午可汗是契丹族的领袖。

这时阻午可汗将契丹分为许多部落：且利皆部、乙室活部、实活部（或作室活部）、纳尾部、频没部、纳会鸡部（或作内会鸡部）、集解部、奚温部等。原来的大贺、遥辇、世里三部被阻午可汗分解为七部；审密原有乙室已、拔里部，这二部都是外戚，这时也被分解为五部。详细情形，史料都没有记载，不过分部之多，可以想见阻午可汗时契丹民族已经是人口繁盛的民族了。

失败的羁縻政策

早在唐高祖武德四年（621）时，有另一部契丹首领孙敖曹率领了一些部众归附于唐，唐朝把他们安置在营州附近，并且把他们聚居的地方设为归诚州。到了武周万岁通天元年（696）时，由于唐营州都督赵文翙（音“会”）凌虐契丹人，于是孙敖曹的孙子孙万荣（当时担任归诚州刺史）就会同窟哥的孙子李尽忠率众叛唐。

李尽忠自称“无上可汗”，以孙万荣为前锋。大唐朝廷发兵好几十万一时都无法扫平。李尽忠的大军杀了赵文翙后，进围澶州（今河南、山东部分地区），大唐的左威武大将军曹仁师领兵击之，反而大败。不久，李尽忠去世，孙万荣称可汗，率军进攻并包围了冀州（今河北省冀州市）。不久，冀州陷落，整个河北为之震惊。当时契丹之强盛可想而知。

由于孙万荣发展太快，并全力向南方攻城略地，后方难免空虚。这时，东突厥默啜可汗乘虚而入，攻破松漠都督府，俘虏李尽忠和孙万荣的妻子儿女，契丹军于是崩溃。孙万荣被部下杀死，契丹势力也随之消失，归附于东突厥。

到了唐玄宗开元二年（714），李尽忠的堂弟失活见东突厥默啜可汗政衰势弱，于是趁机率众投靠唐朝。唐朝任命失活为松漠都督，封为松漠郡王，更以宗室东平王外孙杨元嗣之女嫁给失活，以和亲笼络契丹，又将契丹所统的八部酋长都提拔为州刺史。

之后，契丹就一直观望着唐朝的盛衰，时服时叛。而自唐玄宗天宝年间（742—756）以后，大唐举国上下安于逸乐，缺乏进取、开创之心，对契丹采取羁縻政策，经常以宗室女子嫁给契丹首领，或者拜契丹首领为都督、封之为王爵等，希望通过这一类手段维持边疆的安定。这正是传统治边政策里的“诱之以婚姻”“饵之以禄位”的做法，却忽略了草原民族崇尚实力的心态。所以，唐朝的这些羁縻措施并没有收到预期的效果。

唐玄宗开元六年（718），契丹首领失活去世，由失活的堂弟娑固承袭失活的官职和爵位，唐朝将原来嫁给失活的杨氏女子，依照草原游牧民族收继婚的传统习俗，又嫁给娑固。没多久，娑固被自己手下牙将可突干攻击，娑固带了一些人逃到营州，营州都督许钦澹发兵救了娑固，并且征调奚族酋长李大酺，率兵会同娑固之众反击可突干，结果大败。李大酺和娑固都被杀了，可突干另立娑固的堂弟郁干为契丹首领，唐朝对这既定的事实也只好加以承认，并把唐玄宗堂妹的女儿燕郡公主慕容氏嫁给郁干，再封郁干为松漠郡王。

到了开元十二年（724），郁干去世，由郁干的弟弟吐干嗣立，依例燕郡公主慕容氏再嫁给吐干。由于吐干和拥有实权的可突干不和，所以开元十三年（725），吐干逃到唐朝境内请求庇护。可突干又立吐干的堂弟邵固为首领。唐朝虽然收容了吐干，但对契丹内部的权力结构也无力改变，对邵固的嗣立也只好予以承认。为了笼络契丹，又把宗室女子东华公主嫁给邵固，并封邵固为广化郡王，暂时相安无事。

收继婚

收继婚或叫“烝报婚”，所谓“烝”是指晚辈娶直系尊亲属的寡妻；“报”是指晚辈娶旁系长辈的寡妻。

在中亚、北亚的草原游牧民族里，这种娶后母及兄弟妻的烝报婚是一种很常见的婚姻形式。

烝报婚之所以存在，更有其社会、经济方面的必然性。游牧民族社会实行家父长制，所有财产包括牛、羊、马、骆驼、帐篷乃至奴隶，在家庭中都归家父长所有。在整个部落国家中，则由单于支配，单于的妻子（又称“阏氏”，指部落首领的正妻）可依此分配到若干个帐篷、牲畜及奴隶。老单于一旦崩殂，所有的帐篷、牲畜以及奴隶都将由新单于收回，新单于只有再娶阏氏后，这些阏氏才不致饿死冻死，并能继续拥有原来分配给她的一切。

可惜好景不长。六年后，也就是玄宗开元十九年（731），邵固被可突干所杀，唐朝还是无可奈何。又过了四年，契丹内部有个酋长叫过折，联合唐幽州（今北京与天津一带）刺史张守珪合力杀了可突干，并向唐朝投诚，唐朝任命过折为松漠都督，封为北平郡王。但唐朝只是给了虚名，并没有派兵保护过折，没过多久，过折就被可突干的余党涅里给杀了，涅里控制了契丹各部落。

涅里是后来建立大辽政权的始祖，后来他让位给迪辇祖里，就是阻午可汗。唐朝赐迪辇祖里姓名为李怀秀，任命他为松漠都督，封之为崇顺王，又把宗室女子静乐公主独孤氏嫁给他。这时的唐玄宗正陶醉在杨贵妃的怀抱里，似乎除了“饵之以禄位”“诱之以婚姻”的老把戏外，

黠戛斯

唐朝时期的黠戛斯，其实就是西汉时期的隔昆（又称坚昆）。

唐后，黠戛斯汗国瓦解，分成好几个部落，其中一支的后裔融入契丹。最主要的黠戛斯后人，一般认为就是今天中亚国家吉尔吉斯斯坦的主体民族，即吉尔吉斯斯坦人。

玩不出什么新鲜有效的治边政策。

唐玄宗天宝四年（745），盛唐景象不再，国家的衰败态势愈来愈明显了。契丹阻午可汗也许具有高人一等的智慧，看出大唐帝国已经是外强中干，于是杀了静乐公主独孤氏，公开叛唐。唐朝并没有出兵为静乐公主报仇，而是选择另立一个契丹首领李楷洛为恭仁王，用以代替阻午可汗。李楷洛有个叫李光弼的儿子倒是一个人才，后来成为唐朝的一代名将。

“安史之乱”（755—763）后，唐朝中衰，中原凋敝，契丹也逐渐衰微。这时回纥反而强盛了起来，契丹因此向回纥称臣纳贡。据《辽史·百官志》所载，自涅里让位之后，继任为可汗的分别是阻午可汗、胡剌可汗、苏可汗、昭古可汗（或作嘲古可汗）、耶澜可汗、巴剌可汗、痕德堇可汗。这些可汗的在位年代以及重要事迹都没有留下任何记录，我们只能从相关史料中找到一点点有关的蛛丝马迹。

唐武宗会昌二年（842），契丹耶澜可汗归附大唐。他之所以归附大唐，可能是由于回纥在唐文宗开成五年（840）被黠戛斯击破，回纥汗国败亡，而黠戛斯汗国又很快瓦解了，契丹本身还没有壮大，所以只好投靠唐朝。唐懿宗咸通中期（约 867），契丹巴剌可汗曾向唐朝进贡。唐昭宗天复元

室韦

近代许多中外学者认为，“室韦”就是“鲜卑”的另一种音译，所以跟契丹一样，都是鲜卑族的一支。

《隋书·卷八十四》对室韦的说法是：“契丹之类也，其南者为契丹，在北者号室韦。分为五部，不相统一。”

所谓五部，指的就是：南室韦、北室韦、钵室韦、深末怛室韦和大室韦。到了唐代，室韦分为二十几部，其中有黄头部，就是跟契丹作战的黄室韦。

年（901），唐立契丹钦德为痕德堇可汗，这是契丹遥辇氏的末代可汗。之后，契丹的权力核心回到耶律氏，从这时起，契丹民族的历史开始有了比较详细的记录。

建立辽朝的契丹耶律氏，自奇首可汗之后，有好几代都不可考，直到涅里[①]后，才有相关世代的人名记载，涅里生毗牒，毗牒生颏领，颏领生耨里思，《辽史》盛赞耨里思“令不严而人化”，被追尊为肃祖；耨里思生萨剌德，这时的契丹曾经跟另外一支游牧民族黄室韦作战。

契丹首领萨剌德后来被追尊为懿祖；萨剌德生匀德实，匀德实可汗任内，契丹人开始学习稼穑，善于畜牧，契丹因此而富强壮大，匀德实后来被追尊为玄祖；匀德实生撒剌的，撒剌的仁民爱物，教人民冶铁，制造铁制兵器，后来被追尊为德祖；而撒剌的之子就是创建辽朝的耶律阿保机。

① 《辽史·太祖本纪》作雅里。

契丹耶律氏世系表

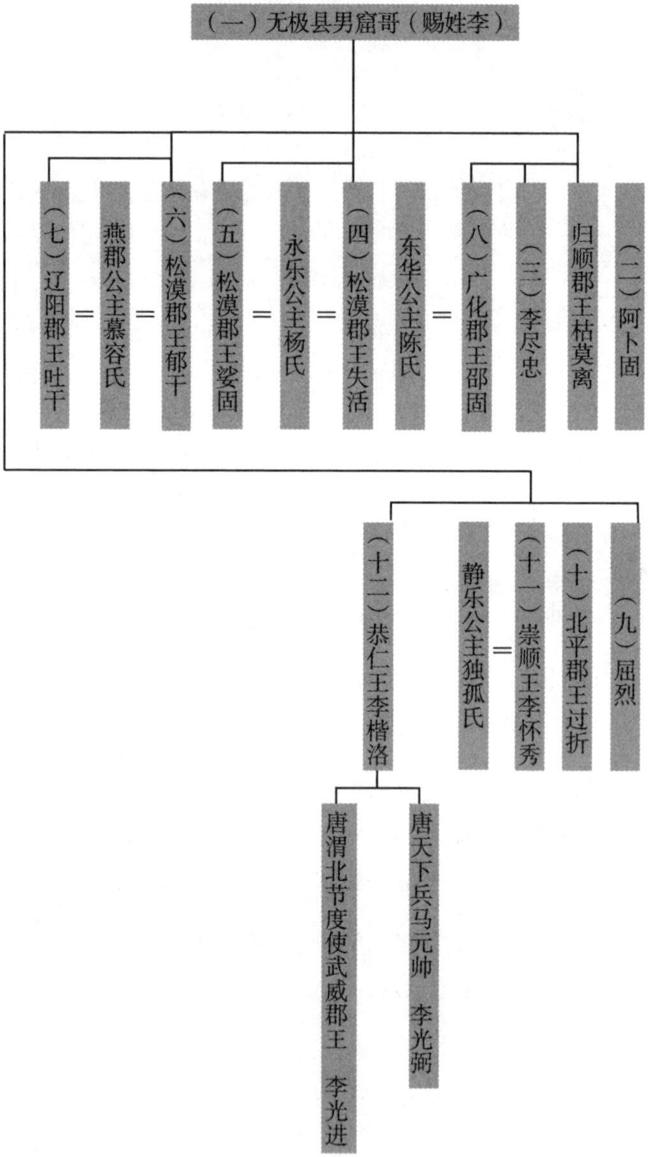
（一）无极县男窟哥（赐姓李）
（二）阿卜固
归顺郡王枯莫离
（三）李尽忠
（八）广化郡王邵固
东华公主陈氏
（四）松漠郡王失活
永乐公主杨氏
（五）松漠郡王娑固
（六）松漠郡王郁干
燕郡公主慕容氏
（七）辽阳郡王吐干
（九）屈烈
（十）北平郡王过折
（十一）崇顺王李怀秀
静乐公主独孤氏
（十二）恭仁王李楷洛
唐天下兵马元帅　李光弼
唐渭北节度使武威郡王　李光进

第二章

契丹习俗

每个民族的生活方式，总是受到生存空间的制约，因此孕育出不同的文化模式。生活习俗是一种很重要的文化模式。关于契丹民族早期的习俗，由于文献不足而难做详述，但就现有资料来看，契丹在建国以前的生活习俗，可就以下数项加以叙述。

葬俗

人之大事，莫过死生，不同民族有不同的丧葬习俗，因而葬俗有时也可以作为识别民族的特征之一。据《北史·契丹传》所载，契丹之葬俗为："父母死而悲哭者，以为不壮，但以其尸置于山树之上，经三年之后，乃收其骨而焚之。因酹酒而祝曰：'冬月时，向阳食，若我射猎，使我多得猪、鹿。'"从此项史料可知，契丹民族早期的葬俗是天葬的一种，所以没有棺椁，但是从"三年之后，乃收其骨而焚之"可知，其又具有火葬的特色，与土葬民族不相同。

以往有许多论著，如《魏书》等，认为契丹族是鲜卑宇文部之后，而某些论著又认为宇文部是匈奴的别部，于是得出契丹可能是匈奴后裔的推论，如《旧五代史》就直接指出："契丹者，古匈奴之种。"此外北宋编著的《册府元龟》、记载典章制度的《宋会要》等文献，也做如此认定。但是如果从葬俗来论，匈奴的葬俗据《汉书·匈奴传》所载为："其（指匈奴）送死，有棺椁、金银、衣裳，而无封树丧服，近幸臣妾从死者，多至数十百人。"

从《汉书》的这项记载，足见匈奴的葬俗有以下三项特色：土葬、厚葬、殉葬，与早期华夏民族相同，而与契丹的葬俗迥然不同。从葬俗差异中就可以轻易推翻《旧五代史》《册府元龟》及《宋会要》“契丹者，古匈奴之种”的说法。而《魏书》认为契丹为宇文部之后，从葬俗上看，等于证实宇文是乌桓的音译。乌桓或鲜卑原本都是东胡部落联盟的主要构成者，当匈奴冒顿单于击破东胡，东胡之众分别向东逃逸后，退保鲜卑山者称鲜卑；退保乌桓山者称乌桓，宇文很可能就是乌桓的另一音译。

契丹民族早期葬俗，如上所述，既是天葬，又有火葬的后续作为，是相当特殊的葬俗。当然，后来契丹壮大，逐渐与其他民族大量接触，尤其是与汉族接触之后，葬俗方式已有明显改变，建立政权后，许多典章制度更是模仿中原王朝，葬俗也不例外。

在春秋战国之前，中原汉人无论贵贱，死后葬身之地都称为墓，如《尚书·太甲上》称：“太甲既立，不明的，伊尹放诸桐。”其注称：“桐，汤墓地也。”

但到春秋战国时，情况有所改变，君王为了表示其高贵身份，与众不同，称其埋葬之地为“丘”，如楚昭王之墓称“昭丘”、赵武灵王之墓称“灵丘”、吴王阖闾之墓称“虎丘”。战国时代以后，又将君王之墓称为“陵”，从此之后，直到清代，所有帝王之墓都称为“陵”。

契丹建立政权后，很快学会了中原王朝的葬俗，如称创建辽朝的辽太祖耶律阿保机埋葬之处为“祖陵”、辽太宗耶律德光之墓为“怀陵”、辽世宗耶律阮葬身之所为“显陵”、辽穆宗耶律璟之墓为“祔怀陵”等。

帝王既然如此，一般契丹民众必然是有样学样，舍弃旧有葬俗，而采用土葬。近年来，中国考古学家在内蒙古自治区发掘出大量辽墓群，可见契丹族建立政权后，在葬俗上已经采用汉人的墓葬之俗了。

发式

凡人类几乎都有头发，而头发自然会生长，如何处理头发，也就是发式，在古代各民族中均不相同，因此发式也是区别民族的重要方式。

孔子曾说："微管仲，吾其披发左衽矣。"可见发式确实代表了一个民族的形象。古时处理头发的方式不外乎束发、披发、辫发及髡发（髡音"坤"，剃发之意）这几种方式，现将这几种发式介绍如下：

一、束发

这是古代华夏民族的传统发式，就是将头发扎成一束，挽在头上盘成髻状，以笄或簪进行固定，或在髻上加冠也可。

二、披发

北方草原各游牧民族的发式多为披发。所谓披发，并非是披头散发，而是将头发拖向脑后，或垂于肩或垂于背，并在头发末端束一结，不让头发散乱。中国考古学者曾在陕西省长安县（现为西安长安区）客省庄发掘出一处匈奴墓葬，其中有一个透雕铜饰，所呈现的人物形象就是披发。诸胡列国时代，匈奴族刘渊所建的汉赵以及匈奴化的羯族所建立的后赵，都应该是披发的。

下图就是在陕西省长安县（现为西安市长安区）客省庄出土的匈奴

匈奴摔跤透雕铜饰示意图

墓葬中透雕铜饰的示意图。图中所呈现的两个正在摔跤的匈奴男子都是披发，可以很清楚地看出在披发末端束成一结。

三、辫发

魏晋、南北朝时期的史书都称鲜卑拓跋部建立的北魏为“索虏”或“索头虏”。所谓“索”“索头”就是指辫发而言，这种说法直至北宋《资治通鉴》等史书都做如此记载，胡三省注《资治通鉴》时就指称：“索虏者，以北人辫发，谓之索头也。”[①] 足证当时鲜卑民族的发式为辫发。

所谓辫发，就是将头发编成辫子，挽在脑后。从史料看，鲜卑系及肃慎系（渤海、女真）民族都是辫发。近年在甘肃省酒泉丁家闸发掘出一座大型墓葬，墓室壁画经考证为诸胡列国时代的作品，当时甘肃地区实际上是胡汉杂居，胡族甚至多于汉人。

四、髡发

所谓髡发，是指头发长到一定长度就剪短，乌桓（丸）就采用髡发制，

① 《资治通鉴·魏纪一》。

另外匈奴的某些部落也有髡发之俗，如《三国志・魏书・乌丸传》就称：“乌丸者，东胡也……悉髡头以为轻便。”

《北史・宇文莫槐传》称：“匈奴宇文莫槐，出辽东塞外，其先南单于之远属也。……人皆剪发而留其顶上，以为首饰，长过数寸则截短之。”《北史》虽载：“其先南单于之远属也”，所谓“远属”并未指明其为匈奴族，甚至可指为“偏远之部属”，其实北方草原游牧民族的民族意识并不强烈，哪一个部落强盛，其他部族就自称是这个部族的一支，如匈奴强盛时，“诸引弓之国皆号匈奴”。

从此项记载，可见乌桓或宇文确有髡发之俗，前面《三国志・魏书・乌丸传》说过，契丹可能是乌桓的后代，因此契丹有髡发之俗，而乌桓或鲜卑都曾是东胡的一支。

此外，据《契丹国志》载：“又有渤海首领大舍利高模兵，步骑万余人，并髡发左衽，窃为契丹之饰。”从此项记载可见，契丹民族的发式为髡发。

另据，考古学家在今内蒙古自治区通辽市库伦旗所发现辽代墓群壁画等史料，可以明确契丹人的发式大致如下：先将头发分为两绺，分垂两耳前或耳后，额前有蓄发或无蓄发，从而可见契丹民族确实为髡发。

宗教信仰

有人类之始，几乎就有信仰，这一点从近现代在世界各地所发现的山洞里的岩画可以得到证实。不过从信仰到宗教，中间还有一段很长的过程，宗教是信仰发展到一定阶段的“产物”，而且有其必要的条件：

自有之神，自有之经典，专业之神职人员，公开固定之礼拜场所，神职人员有传统之服饰，有传统之礼拜、仪轨，趋吉避凶，最后审判等条件，缺一即不得称为宗教。信仰则无须具备这些条件。

初民时代几乎都是泛灵的萨满信仰，契丹民族也不例外。据《辽史•地理志》所载：“……相传有神人乘白马，自马盂山浮土河而东，有天女驾青牛车由平地松林泛潢河而下……每行军及春秋时祭，必用白马青牛。”

这项记载充分显现了契丹人万物有灵的泛灵信仰，认为是以白马、青牛为图腾信仰的两个部落，互通婚姻繁衍后代。所以凡出兵作战前，一定要以白马、青牛祭祀天地，以白羊骨炙卜，由太巫主持各种原始的祭祀仪式。契丹建国后，大辽皇帝的祭山仪、岁除仪、瑟瑟仪（射柳祈雨）这些传统信仰，仍然由巫师负责祝祷行礼，可见即使建立了王朝，契丹仍保留了传统的萨满信仰。

契丹民族崇拜太阳，以向东为尚。此外，从契丹民族古老传说中的三位首领乃呵、喎呵以及画里昏呵充满神话色彩与祖先崇拜的故事中，就可以看出契丹民族从传说时代演进到游猎时代乃至游牧时代的过程，这个过程与其他民族的演进规律完全一致，可见这些古老传说所具有的历史意义。

大辽政权建立后，统治地区除包括今东北各省区外，还包含今华北各省。在这片土地上的汉人，原多信奉佛教，僧侣自然会向尚未信佛的契丹民族传播人生无常、六道轮回、诸善奉行、诸恶莫作等佛教理论，于是契丹人纷纷信奉佛教，匍匐在佛陀座前，向之顶礼膜拜。

在如此积极的传教之下，契丹人不但信奉佛教，甚至到了佞佛的程度。大辽皇室常常不恤民力，大肆兴建寺塔，如在今山西省朔州市应县城内西北佛宫寺内兴建的释迦塔，就是著名的“应县木塔”，这座木塔据说是辽道宗清宁二年（宋仁宗嘉祐元年，公元 1056 年）命田和尚募建。木塔建造在高约四米多的台基上，分上下两层，上层的台基和站台各角都有角石，角石上突起的石狮子，雕琢风格古朴，经专家学者鉴定，应该是辽代遗物。

木塔总高为67.31米，其中塔刹高约10米，塔平面呈八角形，底层直径为30.27米。从外表上看，木塔共有五层，由于各层又夹有暗层，所以若从内部登塔，则实际有九层。底层为重檐并有回廊，整座木塔比例匀称，外形显得稳重而庄严。如此一座巨大高耸的木塔，竟然没有使用一根钉子，距今已有九百多年之久，却依然屹立如故，这种建筑技巧，很值得后人研究与敬佩。

从山西应县木塔可以看出契丹人的佞佛之深。大辽时期的佛教寺塔建筑，当然不只有应县木塔，只是这座木塔的名气比较大。

事实上，在大辽版图之内，各种佛教建筑可说是遍布各地，从而可见，契丹民族已从原始的、泛灵的萨满信仰过渡到佛教信仰。即使如此，大辽王朝仍然保留了一些传统泛灵信仰的痕迹，如上文提到的祭山仪、岁除仪等。

服饰

很多时候，服饰也可以用来区别民族。春秋时期孔子所说的“微管仲，吾其披发左衽矣”，就可以说明右衽是中原华夏民族或汉人的服装特征，而左衽则是北方诸游牧民族的服饰特色。

为何衣衽有左右的分别呢？从现有文献上，似乎都找不到合理的解

辽代妇人启门图

画中妇女穿着直领短上衣，长裙拂地，反映了契丹妇女的服饰特征

释，我们只能师心自用，试着从地理环境上进行推论。北方诸游牧民族的生活空间广大，通常都是以马代步，而长城以北的气候与中原地区明显不同，冬季不但漫长，而且奇寒无比，加上骑马的习惯通常是右肩向前，如果是右衽，寒风就会从缝隙中吹进，令人难以忍受，因此左衽更为合适。当然，这只是推测，到底是不是这样，仍有待更深入的探讨和研究。

事实上，自诸胡列国时代以后，在生活习俗上，胡汉民族彼此互相吸纳、混融，早已不再严格区分所谓的右衽或左衽了。

如《北齐书·王纮传》有如下一段记载："王纮字师罗，太安狄那人也，为小部酋帅（可见王纮极有可能为胡族）。父基，颇读书，有智略……纮少好弓马，善骑射，颇爱文学。性机敏……年十五，随父在北豫州，行台侯景与论掩衣法当为左、当为右。尚书敬显俊曰：'孔子云：微管仲，吾其披发左衽矣！以此言之，右衽为是。'纮进曰：'国家龙

河北景县辽墓出土之北朝陶俑浅描图

此图引自吕一飞《胡族习俗与隋唐风韵——魏晋北朝北方少数民族社会风俗及其对隋唐的影响》一书，书目文献出版社，1994年。另朱大渭、刘驰、梁满仓《魏晋南北朝社会生活史》书后附录图三十，中国社会科学出版社，1998年

飞朔野，雄步中原，五帝异仪，三王殊制，掩衣左右，何足是非！'（侯）景奇其早慧，赐以名马。"

侯景（503—552），怀朔（约今内蒙古自治区包头市固阳南）人，可能为胡族之后。怀朔为北魏时期的六镇之一，侯景即使不是胡族，也极可能是胡化的汉人。初为北魏尔朱荣帐下将领，后降南朝梁。这段对话是他在北魏时的事，当时侯景的官衔为行台，即魏晋时专为征伐之官，为尚书省之派出机构，总揽一方军政大权。

侯景在与尚书敬显俊讨论衣着究竟应采用左衽还是右衽时，尚书敬显俊引孔子之说，认为应采用右衽，但王纮则以为北魏起源于朔漠，征服中原，况且三王、五帝各有不同的仪式制度，因此无论左衽、右衽都是合适的，无所谓对错。侯景觉得王纮的说法颇有见地，于是赐之以名马。

可见在南北朝时期，中原地区已经不坚持右衽。考古学者在今河北衡水市景县出土的封氏墓中，检视陶俑，发现其服装左衽、右衽皆有。生活习俗本来就会或多或少地向四周传播，契丹民族兴起于今辽河、潢水一带，这一地区在公元五世纪前原是鲜卑慕容部前燕的大本营，前燕又曾吸纳大量的汉人，因此早已是胡汉文化混融的地区了。

在这种历史背景下，契丹民族在服饰上应不致有过于突出之处，因此在文献上也很难找到相关记载，几经查寻，终于在《北史》中找到一段关于契丹嫁娶时的服饰记载："……熙平中，契丹使人初真等三十还，灵太后以其俗嫁娶之际，以青为上服，人给青两匹，赏其诚款之心……"

这里提到的熙平，是北魏孝明帝（516—528年在位）的年号。熙平共三年（516—518），熙平中，契丹曾遣使初真等三十人到魏都洛阳纳贡，孝明帝之母灵太后了解到契丹人嫁娶时以青[①]为上服，所以赏赐这批使者每人青二匹，以嘉勉契丹的诚款之心。青可能类似于今天的披风，也就是说，契丹人在嫁娶时，有披上毛毡的习俗，至于其他服饰则未见描述，很可能跟北魏人的衣着也没有多大差异，不然《北史》理应加以描述。

那么北魏鲜卑人的服饰又是什么特点呢？关于鲜卑服饰，最早见诸文献的描述是《楚辞·大招》："姱修滂浩，丽以佳只！曾颊倚耳，曲眉规只！滂心绰态，姣丽施只！小腰秀颈，若鲜卑只！魂乎归来，思怨移只！"

《楚辞》是战国时期楚国大夫屈原（前340—前278）所撰，他极有可能亲眼见过鲜卑人的服饰是"小腰秀颈"，这跟中原华夏民族或长江流域的楚人在服饰上有绝大的不同，当时中原人（含楚人）的服装是宽大的上衣下裳，与鲜卑的"小腰秀颈"可说是天壤之别，所以屈原才将之记入《楚辞》。

稍后，赵武灵王（前325—前299年在位）又有"胡服骑射"之举，从此华夏人民或后来的汉人在服饰上多向胡服倾斜。到了东汉灵帝（168—189年在位）时，倾斜的幅度更大了，且看《后汉书·五行志》所载："灵帝好胡服、胡帐、胡床、胡坐、胡饭……京都贵戚皆竞为之。"俗语说：上有好者，下必甚焉，帝王、贵戚既喜好胡服，一般庶民自然更是趋之

① 音"门"，指细毛制成的毛毡。

若鹜了。

及至西晋武帝（265—290 年在位）时，更是彻底胡化，据《晋书·五行志》称："（晋武帝）泰始之后（约 265），中国相尚用胡床貊盘……（晋武帝）太康（280—289）中，又以毡为絈头及络带裤口。"

可见自战国至西晋，汉人在服饰上倾向胡化是不争的事实。虽然北魏孝文帝太和十八年至十九年（494—495）推行汉化改革，其中有禁服一项，然而几乎没有成效。孝文帝曾亲自到魏都洛阳街上巡视，见街上妇女衣着仍然是传统的鲜卑式，所以责备留京的官员说："昨望见妇女之服，仍为夹领小腰。"

所谓"夹领小腰"与《楚辞》所说的"小腰秀颈"几无二致，可见"胡服"已成为汉人服饰的主流，所以宋人沈括在其所著的《梦溪笔谈·卷一·故事·胡服》中曾称："中国衣冠，自北齐以来，乃全用胡服，窄袖、绯绿短衣、长靿靴，有鞢䩞带，皆胡服也。窄袖便于驰射，短衣长靿皆便于涉草……虽王庭亦在深荐中。予到胡庭日，新雨过，涉草，衣裤皆濡，唯胡人都无所沾。带衣所垂鞢䩞，盖欲佩带弓剑、帉帨、算囊、刀砺之类。自后虽去鞢䩞，而犹存其环，环所以衔鞢䩞，如马之鞧根，即今之带铐也。天子必以十三环为节，……本朝加顺折，茂人文也。"这里所说的鞢䩞（鞢䩞均音"泄"）带，就是腰带上的小带子，用以佩挂弓、剑、帉帨（手巾）、算囊、磨刀石之类。

沈括曾奉命出使契丹，这些都是他亲眼见到的"实景"，有较长的可信度。这里且引中国历史博物馆所藏的一幅《射猎图》，大略可以看出契丹人的服饰。

《射猎图》

此外，南宋大儒朱熹更直接指明了唐宋以来汉人服饰的胡化过程。朱熹在《朱子语类》中说："而今衣冠未得复古，且须辨得华夷，今上领衫裤，皆胡服，本朝因唐，唐因隋，隋因（北）周，周因元魏。"由此可见，自鲜卑拓跋氏建立北魏政权后，汉人的服饰实际上是逐渐向鲜卑族服饰方向融合的，而契丹是鲜卑的余绪，所以也可以说契丹民族的服饰是当时（916—1125）中国服饰的主流。

契丹民族的习俗当然不只以上所说的四项，只是限于资料取得不易及本书篇幅所限，对契丹民族的习俗仅能介绍至此。

第三章

大辽王朝的创立

阿保机的崛起

耶律阿保机家族历代都是契丹遥辇氏的“夷离堇”。“夷离堇”是契丹语，意为统领军马的大官，可以延伸为“大王”之意。耶律氏族长期执掌契丹，如撒剌的之弟述澜曾经率军北征于厥、室韦，南伐易、定、奚、霫等地，此外还设立城镇，教导人民种植桑麻，休养生息，早已胸怀大志。而且耶律氏自涅里以来，历经八代努力，势力已经迅速扩张，耶律氏的野心已不再是“夷离堇”这屈居人下的职位所能满足。

耶律阿保机名亿，阿保机是他的字，另有小字啜里只，生于唐懿宗咸通十三年（872）。

耶律阿保机的出生充满传奇色彩，但青少年时期的阿保机似乎并没有做出什么特别的大事。《辽史·太祖本纪》对他从两岁到二十九岁长达二十八年的时间都没有特别记载。到唐昭宗天复元年（901）时，契丹痕德堇可汗初立，封耶律阿保机为耶律部“夷离堇”，专事讨伐。

耶律阿保机上任之后，连破室韦、于厥以及奚部，俘获许多物资和人质。同年十月，阿保机被擢升为大迭烈府“夷离堇”，从部落大王升至中央大王。

唐天复二年（902），阿保机又率兵四十万征伐河东、代北，攻下九个郡，俘获九万三千多人，以及多不胜数的骆驼、马、牛、羊。

《辽史》称阿保机率军四十万，这就稍显夸张了。以当时的情况看，契丹不可能有四十万大军。因为在“安史之乱”发生之前，正处于盛世

关于阿保机出生的传说

关于耶律阿保机的出生，有这样一段传说。

《辽史》有载："初，母梦日堕怀中，有娠。及生，室有神光异香，体如三岁儿，即能匍匐。"说阿保机出生时满室生香且有神光，大如三岁幼童，一出生就能够爬动。所以他的祖母"鞠（养育）为己子。常匿于别幕，涂其面，不令他人见"。可见阿保机生下来后就由祖母抚养。才三个月大时，阿保机就会走路，而且"晬而能言"，晬（音"罪"）指婴儿周岁，也就是说，他才满一周岁就会说话。更奇特的是他"知未然事"，即能预知未来的事。

顶峰的唐天宝元年（742），大唐人口也只有四千八百多万人。大唐疆域何其广阔，全国人口尚且仅四千八百多万，那么居处西辽河一隅的契丹，怎么可能动员四十万大军？①

唐天复三年（903），阿保机又率兵征伐女真，俘获女真三百户。接着，他进攻唐河东怀远（今安徽省北部）、蓟北（今北京市），也均有所斩获。以前撒剌的掠夺奚人七千户，并把这些人口迁到饶乐水（今内蒙古自治区西拉木伦河）清河，此时阿保机再将这些奚人设为奚迭部，分为十三个县。眼见阿保机的势力愈来愈强大，痕德堇可汗就拜阿保机为"于越"。"于越"是官名，地位在南、北大王之上，一般只加封给有大功的人。可见此时阿保机已能总管契丹的军国大事，地位仅次于可汗。

① 以上人口数据，采自魏励编《中国文史简表汇编，中国历代人口简表》，商务印书馆，2007 年，第 188—189 页。

辽唐边境态势

唐昭宗天祐元年（904），耶律阿保机发兵讨伐里车子室韦，唐卢龙节度使刘仁恭派养子赵霸领兵数万前去拦截。当赵霸大军到达武州（今甘肃省陇南市）时，即被阿保机的侦察兵侦知，就在桃山（今北京市境内）下埋伏重兵，另外派室韦人牟里到赵霸营中，谎称奉了室韦首领之命，邀赵霸率兵在桃山下平原会兵，一同对抗契丹大军。赵霸信以为真，率领大军到了平原，等候室韦部队，不料正中阿保机之计，埋伏在桃山四周的契丹军队因此势如破竹，大获全胜，生擒赵霸，并且大破室韦。从此，阿保机实力大增，已经可以与大唐对抗，但是此时的阿保机并不急于出兵攻唐。

刘仁恭深知契丹人的习性及虚实，所以用心选将练兵。每年秋季，他便越过摘星岭（今地不详）攻击契丹，迫使契丹应战，以此方式消耗契丹的粮草，使契丹人难以度过寒冬。不仅如此，刘仁恭更派兵放火将边境的青草烧个精光，使以游牧为主的契丹缺乏草料，逼得痕德堇可汗不得不以大批良马贿赂刘仁恭，以换取边境牧场。所以，契丹人早就对刘仁恭恨之入骨，只因他手握重兵，所以始终无可奈何。

此时的河东节度使李克用与刘仁恭向来不和，唐昭宗天祐二年（905）初，李克用得知契丹人与刘仁恭之间的矛盾，而契丹大军全由耶律阿保机掌握，于是李克用就派通事[①]康令德和契丹结盟，拿刘仁恭没辙的契丹

① 外事人员或翻译官。

与前来结盟的李克用一拍即合。同年十月，李克用和耶律阿保机互换袍服约为兄弟，李克用借契丹兵痛击刘仁恭，令刘仁恭损失数州，阿保机又趁机掠夺了更多的人口与牲畜。

第二年，阿保机再度进攻刘仁恭。据《辽史》载，这一年，唐梁王朱全忠也遣使从海上到辽西，向阿保机“奉书币、衣带、珍玩来聘”。朱全忠本名朱温，宋州砀（音“荡”）山（今安徽省砀山）人，汉族，生于唐宣宗大中六年（852）。最初曾参加黄巢起事（约 875—884），后来降唐，被唐僖宗赐名为全忠。

朱全忠向来有篡唐之心，而雄峙于东北的耶律阿保机势力正如日中天，若能结为外援，对彼此都有好处，再加上李克用和朱全忠水火不容，因此朱全忠和契丹友好，更可以牵制李克用。因此，《辽史》的记载应该是可信的。

天祐三年（906）十一月，阿保机派偏将讨伐奚、霫各部以及东北女真，获得大胜，各部也都归降契丹。十二月，痕德堇可汗去世，契丹群臣拥耶律阿保机继位。于是就在后梁（由朱温所建）开平元年（907），耶律阿保机即可汗位。

不过真实情况可能没那么简单，因为根据《五代会要》所载，开平二年（908）时，痕德堇可汗和耶律阿保机还曾各自遣使到后梁都城开封，史实叙述明显有所出入，可惜真实情况今已不可考；另据《新五代史》记载：“（契丹）八部大人以为遥辇不任事，选于其众，以阿保机代之。”也就是说，八部大人不满痕德堇可汗上任以来的消极政策，而以阿保机“取代”之，比较起来，这应该是比较合理的说法。

辽之五京

耶律阿保机虽即可汗位，不过这时契丹许多典章制度都还没有建立。契丹为游牧民族，阿保机纵然贵为可汗，却无固定的宫殿居所，只是居住于牙帐，即较大且华丽的帐篷中而已。进入中原建立大辽之后，契丹人居无定所的习惯一时间并没有改变，只是将可汗牙帐常驻的地方定为都城，所以辽代共有五个都城，说明契丹族虽然建立了王朝政权，但还是没有完全脱离草原游牧的习惯。

契丹建国初期，认为汉人所建立的国家都一定设有都城，所以就在今天内蒙古自治区赤峰市巴林左旗南波罗城建了一座宫城，象征契丹王朝也是一个有都城的国家。其他四个都城，都是在掠得一大片土地之后，便在其中找一个适当地点，设立官署，称为都城，目的是便于统治这一大片土地。这跟传统意义上的都城出入很大，倒有些像近代的军区，每个都城都可作为契丹向外扩张的前进基地。

关于辽上京还有一个传说，据称有一天阿保机到了天梯山、蒙国山、别鲁山这三座大山之间，觉得这些山脉有龙盘虎踞的气势，而此时天上的云彩又变化万千，于是当下就想把契丹族的立足之地设在这里，但是此处地势宽阔，应该以哪里为好呢？耶律阿保机灵机一动，就取出一支箭搭在弓上，向上苍祷告后奋力拉满弓，向空地射出，之后就在箭落之处建立行宫。到他称帝的第三年（神册三年，公元 918 年），在这里建立了一座城，称之为皇都。辽太宗耶律德光于天显年间（926—938）扩

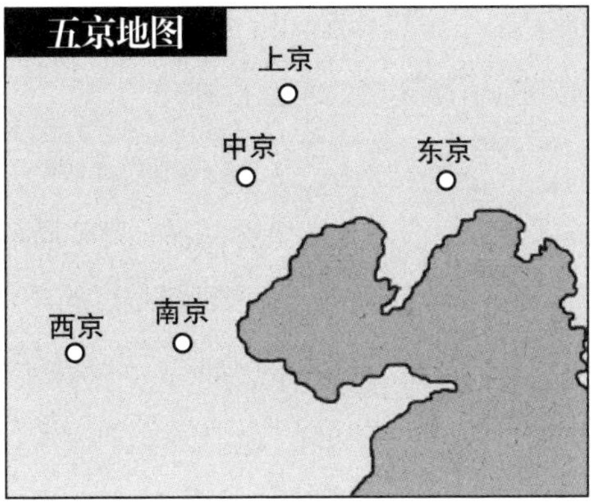

建城垣，修筑宫殿。辽太宗天显十二年（938），耶律德光与后晋石敬瑭合作，得到燕云十六州，于是契丹雄踞中国北方，同年改国号为“辽”，改皇都为上京，所治之处称临潢府。

上京濒临潢河，土地宽广，农牧两宜。这时大辽土地上已有许多汉人定居，他们带来了农耕、土木营建技术，为建造上京提供了有利的条件。于是在汉人官员韩延徽、康默记、贾去疑等人的规划下，契丹参照幽州的规格，建造出一座美轮美奂的都城。

上京其实是由两座城所组成的，北边的皇城是贵族区，南边的汉城是平民区，两座城之间有一条叫白音戈洛的河穿过。城市采用坐西向东的建筑方式，跟中原传统坐北朝南不同，但与草原游牧民族搭建毡帐的方向一致，可见这座上京是胡汉文化融合的成果。

辽东京在今辽宁省辽阳市，从战国时代到西晋（前 475—316）皆称为襄平，东晋末年，高句丽占领辽东，此地改称辽东城，后来渤海国时称为辽阳。契丹设此地为东京，就是为了控制渤海人民以及新占领的渤海土地。东京的规划大致跟上京相似，也是由胡、汉分立的两座城所组成。

辽南京位于今天的北京，这座老城历史悠久，辽代只是稍做修葺，所以没有添加什么契丹族的特色，不过天宁塔寺、大觉寺、白塔寺、牛街清真寺等都是辽代留下的建筑物，即使到了今天，这些寺院仍然是游览北京值得观赏的名胜古迹。

辽南京古称幽州，此地背枕燕山，西凭太行山，东临渤海，南控黄淮平原，具有重要的战略意义，自古以来就是历朝历代的北方国防重镇，在辽代时也不例外。辽南京即是辽的政治、经济、文化和军事中心。

辽景宗乾亨元年（979），宋太宗伐北汉，北汉求援于辽，但仍为宋所败。四月，宋兵围太原（今山西省太原市），五月，北汉降宋；六月，宋以攻北汉的大军伐辽，围辽南京，附近各州多降于宋。七月，辽援军到达辽南京，双方在高梁河（今北京市西北）大战，宋兵大败，从此形成宋辽对峙的局面，可见辽南京对辽的重要性。

到了辽代末叶，宋金联合攻辽，辽天祚帝保大二年（1122），几度交战之后，北宋占领辽南京，改称为“燕山府”。三年后，辽保大五年(1125)，这座城又被女真所建立的金占领。

中京是辽代中期所设，城址在今内蒙古自治区赤峰市宁城县铁匠营子乡与大明镇之间的老哈河（又称土河）北岸。该城北邻七金山，南眺马盂山，东北有双山，城南濒老哈河，土质肥沃，水草丰美，适宜农耕。据传，辽圣宗耶律隆绪路过七金山下的老哈河时，与众大臣“南望云气有郛郭楼阙之状”，以为上天是在启示他这里是不寻常之地，所以在此建立中京。

中京的规划跟上京有很大差别，城垣和建筑都采用南北走向，和汉人的建筑风格一致，由此也可看出，契丹人已经逐渐融入汉文化之中了。建立中京与接待北宋使者及辽代社会南北经济发展有关，但更重要的则是为了能有效地控制“异种同类”的奚族。加上当时北宋派往辽的使臣都要路过中京，如沈括、宋绶、路振、薛映、王曾等北宋使臣都曾路过中京，因此对辽宋间的文化交流产生了极大影响。

辽西京就是今天的山西省大同市，此地东连太行山，西接黄河，北连蒙古高原，南眺晋阳大地，境内山峦起伏，地势极为险要，自古以来就是北方草原游牧民族“南下牧马”时的必争之地，素有“北方锁钥”之称。

从战国时代起，大同（时称平城）就已是军事重镇。鲜卑拓跋氏所建的北魏也建都平城，直到北魏孝文帝太和十七年（493）迁都洛阳时，大同作为北魏都城已长达九十六年（398—493）。契丹得到燕云十六州后，大同就成为军事重镇，辽兴宗重熙十三年（1044），大同被立为西京，目的是为了加强对西夏的施压，进而征服西夏。

辽的政治特点

一、政府随皇帝迁移

辽虽设有五京，但这些都不是政治中心。大辽真正的政治中心是皇帝的四时“捺钵”，以及随皇帝出动的“斡鲁朵”。“捺钵”就是辽代皇帝的出巡活动，春季时主要是捕鹅、钓鱼；夏季则是避暑，与南北枢密院大臣讨论政事；秋季主要为狩猎，其中射鹿是狩猎的主要目标；冬季为避寒、猎虎，与南北大臣讨论政事，以及接受朝贺。皇帝在“捺钵”时，契丹官员及部分汉人官员要扈从随行，所以，辽代的中央政府是随着皇帝而迁移，并没有固定在某一个都城。

二、双轨政治制度

辽承袭了历代少数民族王朝如诸胡列国及北朝的“双轨政治制度”，即采取两套制度。在诸胡列国中，统治者虽然是少数民族，但在人口上并不占绝对优势，远不如被统治的汉人多。为了适应这种情况，少数民族王朝采取两套制度，各国几乎都设立了单于台或燕台，分别治理少数民族及其他各族。例如匈奴族刘渊建立的汉赵政权就有两套政治制度，其他少数民族王朝也大多如此。

契丹统治中国北部地区之后，该地因以汉人居多，所以大辽也实行双轨政治制度。辽朝在官制上分南、北两面，南面枢密院管辖汉人以及州、郡、县，北面枢密院管辖包括契丹族在内的各少数民族，南、北枢密院统归皇帝管辖。皇帝与南枢密院官员均穿汉服，太后与北枢密院官员则穿本民族服装。

三、融胡入汉

大辽将胡、汉分治定为制度的创举具有划时代意义，因为之前诸胡列国时代虽有胡、汉分治，但都没有形成制度。辽朝统治者深知，在人口数量上占绝对优势的汉人，历史传承悠久，更拥有较先进的文明，不可能化汉为胡，只能设法在保有契丹人优先的前提下，融胡入汉。所以，在胡汉融合时，契丹人的做法有其时代性的特点。经参考相关文献，约略可以分为四个阶段，如下页表所示。

契丹与汉人融合的四个阶段表

阶段	纪年与大事记	对融合之态度	重要行动（文化演变之动态）
第一阶段 克难自强 时期	神册 （916）以前	契丹族自力更生，克服生活上的困难。	一、契丹与汉文化初步接触，遭遇汉人边吏烧毁牧草。 二、耶律阿保机努力向西发展，克服刘仁恭压迫，势力延伸到长城以南。 三、联合太原李克用，采远交近攻策略，向南攻城略地。
第二阶段 垦荒南进 时期	自神册建号至获得燕云十六州 （916—938）	与汉人进行融合。	一、收容来奔汉人，迁徙关内俘虏，利用汉人韩延徽等人教导开垦、种植，婚配授业，使境内汉人安居。 二、有计划地建筑汉式城邑，创立村镇，发展农业。 三、大举援助石敬瑭，战胜后唐，正式获得燕云十六州。
第三阶段 胡汉兼容 时期	自会同至澶渊盟约 （938—1004）	有限度接受汉族文化，采用胡汉兼容政策。	一、设置南、北面官，采胡、汉分治政策。 二、实行考试进仕，严禁契丹人参加。
第四阶段 胡汉合流 时期	自澶渊盟约至北宋谋复燕云 （1004—1125）	听由胡汉文化融合。	一、科举制度日趋发达，契丹人也开始参加科举，如耶律大石即曾参加。 二、契丹立君制度逐渐改变，确立嫡长世袭制。 三、胡汉文化逐渐合流，契丹王朝瓦解后，在华北的契丹人逐渐融入汉人。

辽代文官图

图中辽代文官的服饰与北宋的文官有点儿相似，反映出契丹人的汉化程度

四、头下军州

头下军州是辽代又一项独创的措施，也是另一项需要解释的特殊制度。“头下”也写作“投下”，辽朝把一块地方连同其中的人民都赐给建有军功的契丹贵族，让这块地方成为贵族的领地和私人的财富，这就是头下军州。头下军州的地位与一般州相同，除节度使外，刺史以下官吏皆由军州首领的部属担任。也就是说，头下军州其实就是契丹诸王、外戚、大臣、公主的私人领地。至于地位不够显赫或所建军功不够大，尚不足以设立军州者，就设“军”，受封者也拥有领地和人民，只是地小人少而已。头下军州或军，除酒税需要上缴中央盐铁司外，其余各税收都收归己有。

头下军州表

头下军州名称	所在地点	建立情况（建立者或所有者）	所封食邑
徽州宣德军	中京道宜州北二百里	景宗女秦晋大长公主	拥有媵臣万户
成州长广州	中京道宜州北一百六十里	圣宗女晋国长公主	媵臣四千户
懿州广顺军	东京道罗州东北二百里	圣宗女燕国长公主	媵臣四千户
渭州高阳军	东京道显州二百五十里	驸马都尉萧昌裔	媵臣一千户
壕州	东京道显州二百二十里	国舅宰相建	汉民六千
原州	东京道东北三百里	国舅金德建	汉民五百
福州	原州北二十里	国舅萧宁建	汉民三百
横州	辽州西北九十里	国舅萧克忠建	牧民二百
凤州	东京道韩州北二百里	南王府五帐分地	四千户
遂州	南京道檀州西二百里	南王府五帐放牧地	五百户
丰州	上京南三百五十里	遥辇氏僧隐牧地	五百户
顺州	东京道显州东北一百二十里	横帐南王府建	燕蓟一千户
闾州	辽州西一百三十里	罗古王牧地	一千户
松山州	上京南一百七十里	横帐普古王牧地	五百户
豫州	上京北三百里	横帐陈王牧地	五百户
宁州	豫州东八十里	横帐管宁王牧地	三百户
乌州静安军	上京道	北大王占牧地	一千户(后收归兴盛宫)
宗州	东京道	耶律隆运以所俘汉民建	不详(后归文忠王府)
贵德州宁远军	东京道（原汉襄平县）	太宗时察割以所俘汉民置	不详（后以杀逆诛，军没收）
遂州			
双州保安军	东京道	太宗沤里僧王俘镇定民置	察割杀逆没入，属崇德宫
榆州高平军	中京道	太宗时横帐解里以俘镇州民置	开泰（圣宗年号）中没入
川州长宁军	中京道	太祖弟耶律安端置	原名百川州，察割杀逆没入，隶文忠王府

五、斡鲁朵

斡鲁朵即宫卫制度，也称宫帐制。《辽史》写作斡鲁朵，在其他文献中还有各种写法，如斡里朵、斡耳朵、窝里朵、窝里陀等[①]，至于其意义，各家说法也有不同，本书采用《辽史》解释："居有宫卫，谓之斡鲁朵。"宫卫制度不但汉人王朝不曾有过，就连之前的其他少数民族王朝也没有实行过，确属空前创举。

所谓斡鲁朵，就是皇帝或具有与皇帝同等威望的皇室成员或皇帝特别恩宠的重臣的行宫。一旦这些贵族和重臣过世后，斡鲁朵原有的服侍人员就成为主人陵寝的守陵者。

辽代总计共有十二宫一府。这十二宫一府，除末帝天祚帝耶律延禧[②]，以及丞相韩知古外，其余十一宫都有陵寝。这十一宫的主人生前拥有许多护卫、扈从、差役，以供差遣和提供生活所需，他们过世后，这些护卫、扈从、差役等就转为守陵者，可见这笔支出多么庞大。值得一提的是，当朝皇帝的斡鲁朵出巡时，所有前朝皇帝斡鲁朵的守护者都需扈从当朝皇帝成为护卫。可见愈是后代皇帝的斡鲁朵，移动时护卫的阵仗也就愈庞大，这是一笔无法预估的支出，但是辽朝并不是因为财政问题而衰亡的，这是一个很值得后人探讨的课题。

---

① 以上各种写法散见于《金史》《元史》《长春真人西游记》《黑鞑事略》等。

② 被女真的金朝所俘。

十二宫一府表

帝王称号	宫卫名称
太祖耶律阿保机	弘义宫
应天太后	长宁宫
太宗耶律德光	永兴宫
世宗耶律阮	积庆宫
穆宗耶律璟	延昌宫
景宗耶律贤	彰愍宫
承天太后	崇德宫
圣宗耶律隆绪	兴圣宫
兴宗耶律宗真	延庆宫
道宗耶律洪基	太和宫
天祚帝耶律延禧	永昌宫
圣宗皇帝之弟耶律隆庆	敦睦宫
丞相韩德让（后赐姓耶律）	文忠王府

南北两面官制

辽代推行南、北两面的双轨政治制度，但有时也会出现一人身兼南、北两院枢密使之职，而且此人通常是皇位的继承者，例如在辽圣宗太平十年（1030），圣宗以太子耶律宗真领南、北枢密院使事；辽兴宗重熙七年（1038），也以太子耶律重元领南、北枢密院使事，后来又于重熙十二年（1043）再以耶律重元领两院。道宗大康元年（1075）初，以耶

《论北朝政事大略》（节选）

“北朝之政，宽契丹，虐燕人（即汉人），盖已旧矣！然臣等访闻山前诸州祇候公人，止是小民争斗杀伤之狱，则有此弊。至于燕人强家富族，似不致如此。契丹之人每冬月多避寒于燕地，牧放住坐，亦止在天荒地上，不敢侵犯税土。兼赋役颇轻，汉人亦易于供应。惟是每有急速调发之政，即遣天使带银牌于汉户须索。县吏动遭鞭棰，富家多被强取，玉帛子女不敢爱惜，燕人最以为苦。兼法令不明，受赇鬻狱，习以为常。此盖夷狄之常俗，若其朝廷郡县，盖亦粗有法度，上下维持，未有离析之势也。”（见苏辙《栾城集·卷四十二》）

律浚领两院使事，后来又在大安七年（1091）以太子耶律延禧领两院使事。

辽代曾几度由一人身兼南、北两院枢密使，而这个皇位继承人当然也是契丹人，那么他在处理胡、汉民族事务时，是否能不分民族、唯法是论，就不无疑问了。事实上，对待犯同一罪行的人，因为民族不同，刑罚也有不同。

北宋洪皓在所撰的《松漠纪闻》中写道：“辽制，契丹人杀汉儿[①]者不加刑。”看似很不公平，但是辽代实行双轨政制，基本原则是“以国制[②]治契丹，以汉制待汉人”。由于两者所据法律基础不同，契丹人实行属人主义，汉人实行属地主义。胡族制度比较宽松，加上人口少，而汉地由于文明生活已久，累积了世代的法律经验，所以法条绵密。两者对“法”的思维逻辑不同，因而有了松紧不同的区别。汉人总认为辽朝的法律只

① 当时契丹人称汉人为汉儿，具有轻蔑意味。

② 指契丹传统制度。

唐代三省制

唐朝的三省为中书省、门下省、尚书省。

中书省负责定旨出命，长官中书令二人。门下省掌封驳审议，长官为侍中二人。中书、门下通过的诏敕，经皇帝裁定后，交由尚书省执行。尚书省长官为尚书令一人，副长官左、右仆射各一人。尚书省下辖吏、户、礼、兵、刑、工六部，分理各种政治事务，每部又领四司，计二十四司。三省为中央最高统治机构，长官同为宰相，共同负责中枢政务，执宰相之职，议政场所就叫政事堂。

对契丹人有利，但如果能够了解其用“法”基准，也许就会释怀了。关于这点，曾担任祝贺辽帝寿辰大使的苏辙在出使辽朝归来后，写下一篇《论北朝政事大略》，其中有详细论述。苏辙是在辽道宗大安五年[①]被派去辽国，他回北宋后写了这篇“出国考察报告”，可以看出辽朝对燕云十六州的汉人并不苛刻，更是不敢欺凌汉人的豪门巨族，这点跟诸胡列国时代各少数民族王朝大多结好汉人的豪门巨族有相同之处。

基本上，辽朝皇帝并不排汉，辽太宗会同三年（940）十二月丙辰，太宗耶律德光就曾“诏契丹人授汉官者[②]从汉仪，听与汉人婚姻”。就这一点而言，辽代的民族区隔并不严重，比后代女真的金或清要好很多。辽代虽无严重的民族歧视，可是朝廷的重要职位都被牢牢地掌握在帝系和外戚手里。《辽史》明载：“辽之秉国钧，握兵柄，节制诸部帐，非宗室外戚不使。”这种任人唯亲的方式，局限了国家的发展。辽如果能选贤任能，节制皇亲国戚的开支，国祚或许会更长些。

① 宋哲宗元祐四年，公元 1089 年。

② 指南班汉臣或南枢密院官员。

辽朝官制大致上分为南北两面。辽朝初建时，以汉人总领汉人之事，到太宗耶律德光在开封建都后，因疆域扩大，所辖的汉人也增加了，于是太宗模仿西晋制度，设置枢密使，“掌汉人兵马之政”。

辽朝的朝官中以太尉、司徒、司空为三公，太师、太傅、太保为三师，这些都是地位最高的官员。在其下设政事、门下、尚书三省，御史台、翰林院[①]、国史院、太常寺[②]以及诸监、卫等。其中政事省很可能是模仿唐初的政事堂，辽兴宗重熙十三年（1044）时，辽改政事省为中书省，至此，辽代的南面官大致跟唐代的中书、门下、尚书相当。

太宗继位

耶律阿保机与皇后述律氏共生三子，长子突欲，一般文献都写作耶律倍，次子耶律德光，三子耶律李胡。这三个儿子天性各有不同。被立为太子的耶律倍，聪明好学，喜欢吟诗绘画，还擅长音律书法，而且据说他还精于阴阳医道，可谓多才多艺。

次子耶律德光勇武多谋，曾多次随耶律阿保机南征北战，颇有战功，甚得述律皇后喜爱，更被任命为天下兵马大元帅，手握兵权。

三子耶律李胡，性情暴躁，却最受母亲述律皇后的宠爱，近乎溺爱。

为了决定皇位继承人选，耶律阿保机花了不少时间考察这三个儿子。一次，阿保机在大冷天里让三个儿子去砍柴，耶律德光乱砍一通，抱了

① 又称南面林牙。

② 掌礼仪、宗庙祭祀及文化教育。

一捆柴回来，最先完成使命；耶律倍精挑细选了一捆干柴，第二个完成任务；耶律李胡则胡乱捡些柴来乱捆在一起，在回来的路上还掉了不少，等回来后，只剩下少许几根。耶律阿保机看了三个儿子的成果就说："长子灵巧；次子快捷；三子不如两个兄长。"分析得相当入微。

受到述律皇后的影响，阿保机虽然一开始是立耶律倍为太子，但经过长时间的观察后，阿保机感觉出来长子、次子各有千秋，所以迟迟无法决定究竟要传位给谁。天赞五年（926），阿保机灭渤海国，并改为东丹国。他任太子耶律倍为东丹国王，称之为人皇王，准其建号、着天子冠服、配置四相和文武百官。

天显元年（926）七月，辽朝建国者耶律阿保机崩卒，享年五十五岁，庙号太祖。耶律阿保机所建的王朝名契丹，到辽太宗耶律德光时才改国号为辽，为行文方便，本文都称辽。

阿保机过世后，述律太后就未雨绸缪，利用主持阿保机葬礼的机会清除政敌。此时大臣当中支持耶律倍和耶律德光的势力不分上下，但述律太后希望耶律德光继位，于是为了扫除政治上的敌对势力，她以传统的殉葬制度为借口，令支持耶律倍的大臣殉葬，理由是要请他们为她传话给阿保机。单以殉葬为借口，述律太后就诛杀了近百名大臣。在她命汉人赵思温为阿保机殉葬时，赵思温不肯，述律太后就责问他："你和先帝不是很亲近吗，为什么不去？"赵思温反驳："若是要论和先帝亲近，谁也比不上太后，如果太后去，那我就马上来。"述律太后回复说："几个儿子都还年幼，国家更不可以无主，我暂时不能去。"最后，为了除掉赵思温，述律太后竟狠下心来，命人将自己的一只手从手腕处砍断，以示与赵思温共同为先帝殉葬，这就是历史上有名的"太后断腕"的故事。

除此之外，述律太后还精心安排了一幕"择嗣计"。她命太子耶律倍和耶律德光骑着马，然后向各部落大人宣布：这两个儿子我都爱，不知道应该立谁才好，只好由你们选择，你们支持谁就去牵谁的马缰。这些部落大人早就知晓太后的心思，加之耶律德光手握兵权，于是大家就争相去牵耶律德光的马缰。耶律倍眼见大势已去，就向述律太后上书："皇子大元帅深孚重望，中外攸属，宜承大统"，耶律德光就这样登基成为辽朝的皇帝，即位为辽太宗。

耶律倍

耶律德光即位后，对耶律倍很不放心，不准他回东丹国，且将东丹国的东平郡（今山东省境内）改为南京，还把原东平郡的人口迁走了一大部分，把耶律倍迁到人丁不旺的南京。不但如此，辽太宗还派卫士对耶律倍严加监视。在这样的内外煎熬之下，耶律倍苦闷不已。为了表明自己并无异心，耶律倍就在府邸中盖了一座藏书楼，每天读书、吟诗、作文消磨时光，以打消弟弟对他的猜忌。

如果就这样下去，彼此倒也相安无事，可是世事无常。此时中原的后唐明宗李嗣源和辽朝早已不睦，李嗣源打听到辽朝皇位继承的曲折过程，很为耶律倍抱屈，于是就派使者渡海来到辽国的南京，游说耶律倍投奔后唐。耶律倍想想自己本该继承大统，结果不但没当上皇帝，反而连东丹王都当不成，这股怨气向谁倾诉？原本想读书赋诗了此余生，可是身边又多是皇帝派来的耳目，与其在南京被人猜忌，倒不如去后唐落得自由，也免得太宗时时提心吊胆，自己也可博得让国美名。于是，他就带着宠姬高美人和许多书卷渡海投奔后唐。

耶律倍到达后唐时，后唐明宗以天子的规格接待他。到了后唐都城汴梁（今河南省开封市）后，明宗把先皇庄宗的夏妃赐给耶律倍，并赐他姓东丹，名慕华，之后还拜耶律倍为怀州（今河南省沁阳市）节度使；后再赐姓李，名赞华，移镇滑州（今湖南省永顺县西南）并遥领虔州（今江西省内）节度使。

耶律倍虽然身在后唐，可是却心系故国，时常派人到辽国问候母亲、兄弟。后来后唐明宗驾崩，耶律倍派密使回国，告诉辽太宗说李从珂杀父自立，劝辽派兵讨伐。这期间正逢石敬瑭以割燕云十六州为条件，求辽援助他称帝，于是辽太宗率军攻打后唐李从珂。攻入洛阳后，李从珂强迫耶律倍自焚，耶律倍不肯，李从珂遂派杀手李彦绅杀了耶律倍。于是，东丹王、辽朝第一个太子耶律倍就这样过世了，年仅三十八岁。

第四章

灭渤海国

渤海民族

契丹耶律阿保机于五代初期（907）建立大辽政权，国力蒸蒸日上，有如旭日初升，成为中国正统王朝之一。契丹民族的史事当然是中国历史的一部分，而且是很重要的一部分，也只有以这种心态来体认契丹族所创建的一切施政措施，才不会被狭隘的民族见解所左右，也唯有如此，才能够接近历史真相。

“历史”定义虽多，但是直言之，只有以下两种，其一为历史事件的本身，只是事件稍纵即逝，不可能重复出现；其二则为人们记载的历史，也就是所谓的“史料”，但是史料或历史的记载者，必然会将其主观意识渗入其中，因此要寻求历史真相几乎是不可能的，所以后世史家只能力求尽量接近历史的真相。

契丹族在唐哀帝天祐四年（907）时，由迭剌部的耶律阿保机取得契丹各部的统治权；同年，位于契丹之东的渤海国末王大諲撰继位。在叙述契丹攻灭渤海国之前，有必要将渤海国的情况略加介绍。

渤海国在契丹之东，东端直抵日本海。对于渤海国的族属需要先加厘清，否则将无法理解为何契丹灭渤海国时一定要将渤海人强行迁徙到辽国境内，也无法了解为何女真建立金朝后，渤海人在金朝中当官的比例极高。下面分以下几点对渤海国加以介绍。

中国疆域广阔，民族众多，以东北地区而言，大体上在大兴安岭偏西部分，是古代东胡系各民族的分布地区，如鲜卑、乌桓、室韦、契丹、蒙古等；在大兴安岭偏东以至太平洋的广大地区，是古代肃慎系各民族的分布地区，如肃慎、靺鞨、女真等。对渤海国的主体民族历来有各种不同说法，简而言之有以下各说：

（一）认为构成渤海国的主体民族是靺鞨族，可以称之为“靺鞨说”，持此说者有孙进已、刘义棠等人。靺鞨乃是一个集合名词，如同《元朝秘史》（或称《蒙古秘史》）中所说的林木中的百姓，并不专指某一民族，因此这一说法有其不够周全之处。

（二）认为构成渤海国的主体民族是高句丽人，所以可以称之为“高句丽说”，持此说者以朝、韩的学者为主，也有少数日本学者附和或主张此说，其主要也是唯一的根据就是《旧唐书·渤海靺鞨传》所载：“渤海靺鞨大祚荣者，本高丽别种也。”大祚荣是渤海国的创建者。《旧唐书》后，《唐会要》《五代会要》《旧五代史》《太平寰宇记》《册府元龟》《新五代史》《资治通鉴》《宋史》《辽史》等都有相同或类似的记载，所以韩国学者朴时亨所撰《为了渤海史的研究》、朝鲜社会科学院历史研究所所著《渤海国》、日本人白鸟库吉所撰《论渤海国》都提出构成渤海国的主体民族是源于高句丽。这些朝、韩、日学者之所以提出这种主张，可能有以下两个理由，其一是没有看懂《旧唐书》所载的“本高丽别种也”这句话。这里“别种”两字，已经明确地指出创建渤海国的大荣祚只是跟高丽相类而不同种。像这样“别种”或“别部”的写法，在中国史籍中经常出现。如《魏书·羯胡石勒传》里，就称诸胡列国时代建立后赵的羯族石勒是“匈奴别部”；《晋书·石勒载记》也明确指出石勒的体质特征是“深目、高鼻、多须”，分明是高加索种印欧语系各民族的特征；而慧皎在《高僧传·佛图澄》中也明确说了几句“羯语”，可见羯族虽被史传载为“匈奴别部”，却不是匈奴。几经考证，羯族之祖先来自今中亚乌兹别克斯坦首都塔什干一带，而塔什干原意为石国，所以羯族之后人才以石为姓。同理可以推知所谓的“本高丽别种也”，已经明确指出创建渤海国的大祚荣是与高丽不同之民族。

其二，这些朝、韩、日学者并非读不懂汉文史料，而是刻意咬住“别种”就是同种的意思，把中国历史上创建渤海国的大祚荣说成是高丽人。虽然渤海国与朝鲜半岛地理毗邻，双方互有来往，这是不争之事实，渤海国里有高丽人也不意外，但绝不可以由此认为渤海国的主体民族是源于高句丽。

以上靺鞨说、高句丽说虽然都找到一些文献的论据，但都不足以使所说成立，那么渤海国的主体民族到底是什么民族呢？在探讨这个问题之前，首先要了解，自古以来除了生活在深山密林或海中孤岛从未与外族交往过的民族才可能是单一的民族，否则必然会或多或少地有跟周围民族混合或混居的情形。且看《新唐书·渤海传》所说的“渤海，本粟末靺鞨……”，如果从这句话去探寻，或可窥得真相。前面说过靺鞨就

后人臆想的渤海民族风情雕像

是勿吉，关于这一点唐人杜佑说得很清楚，他在《通典·边防·东夷序略》中说：“后魏，以后曰勿吉国，今则曰靺鞨焉。”

据《北史·勿吉传》说，靺鞨有七部，分别是：“其一号粟末部，与高丽接，胜兵数千。多骁武，每寇高丽。其二曰伯咄部，在粟末之北，胜兵七千。其三安车骨部，在伯咄东北。其四拂涅部，在伯咄东。其五曰号室部，在拂涅东。其六曰黑水部，在安车骨西北。其七曰白山部，在粟末东南，胜兵并不过三千，而黑水部尤为劲健。自拂涅以东，矢皆石镞，即古之肃慎氏也。”但须注意，黑水即今黑龙江，明显在东，所以“在安车骨西北”，应为“在安车骨东北”之误。

《隋书·东夷传·靺鞨》记载与《北史》同。以上七部中，拂涅部以东的主体民族不是勿吉，而是“矢皆石镞”的肃慎氏。我们试着从《北史》所指出的方位画出示意图看，拂涅、号室及黑水部这三部才是古肃慎族，以其位置偏东，可见古肃慎族在东，一直可以延伸到海滨，但粟末、伯咄、白山甚至安车骨以其位置在西，不是肃慎，但是由于在地理上相毗连，

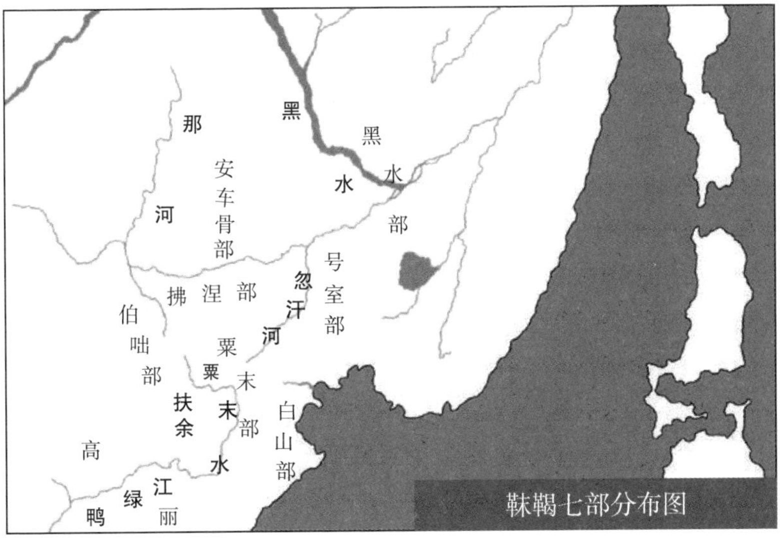

靺鞨七部分布图

难免有肃慎族进入粟末部，因此在习俗上互相混融，而且粟末所聚居之地，有相当部分是肃慎故地，所以一些史籍如《魏书·勿吉传》就把粟末靺鞨说成是“旧肃慎国也”。从而可知，渤海国的民族构成是比较复杂的，随着渤海国疆域的变迁，民族内涵也随之扩大。

从相关文献可以看出，最早形成渤海民族大约是在武周代唐前后（7世纪末叶），并且是由以下三个集团所构成：

一、乞乞仲象所统之众

乞乞仲象是渤海国的建国者大祚荣之父，他所统之众应该就是构成渤海民族的核心民族，只是这一部分在《旧唐书·渤海靺鞨传》中所载“渤海靺鞨大祚荣者，本高丽别种也”，一些朝、韩、日的学者误“别种”为“同种”，因而认为渤海的核心民族是高丽族，其实国史之所谓“别种”或“别部”正是“与之相别”的意思，前文已述，所以《旧唐书》中的“渤海靺鞨大祚荣，本高丽别种也”这一句，只说明大祚荣所统之众不是高丽人，换言之，这一部分应该就是史传所说的粟末靺鞨。

二、乞四比羽所统的靺鞨之众

《旧唐书·渤海传》载有：“（大）祚荣与靺鞨乞四比羽各领亡众东奔，保阻以自固……（武）则天命右玉钤卫大将军李楷固率兵讨其余党，先破斩乞四比羽，又度天门岭以迫祚荣。祚荣合高丽、靺鞨之众以拒（李）楷固。”《新唐书·渤海传》中也载有此事，称：“有舍利乞乞仲象者，与靺鞨酋乞四比羽及高丽余种东走，渡辽水，保太白山之东北，阻奥娄河，树壁自固。”

这两项史料很清楚地指出，大祚荣之父乞乞仲象跟靺鞨酋乞四比羽共同抵御唐军李楷固的进攻，而把靺鞨酋乞四比羽与乞乞仲象并列，足以证明靺鞨酋乞四比羽及其所部不是粟末部，所以这一部靺鞨就是构成渤海民族的第二个组成部分。

三、高丽人

高丽人原在朝鲜半岛，鲜有越过鸭绿江者。但唐灭高丽后，高丽成为大唐属地，唐朝官员、军队、商人乃至一般民众自然会进入高丽，当然也会有高丽人进入辽西。像这一类“移民”在人数上不可能太多，但也足以成为渤海族的第三个组成部分，他们的人数应该比靺鞨白山部少，比粟末部更少。

渤海国的建立

上文提及，唐武则天时，曾命李楷固率军进攻粟末部乞乞仲象，乞乞仲象之子大祚荣合高丽、靺鞨之众以拒李楷固，结果据《旧唐书·渤海传》所载：“王师大败，楷固脱身而还……（大）祚荣遂率其众东保桂娄之故地，据东牟山，筑城以居之。”而《新唐书·渤海传》则记载：“（大祚荣）率众保挹娄之东牟山，地直营州东两千里……筑城郭以居。”此外还提到：“保太白山之东北，阻奥娄河，树壁自固。”奥娄河指的是今牡丹江的一条支流，大祚荣在这个地方“树壁自固”建立政权，初

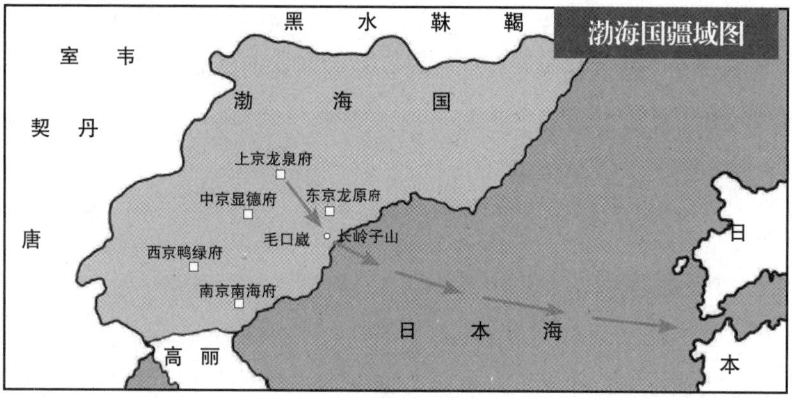

称振国，也作震国，当时是武周圣历元年（698），这个地方经考证位于今吉林省延边朝鲜族自治州敦化市，一般文献称之为渤海国。大祚荣建立渤海国时，一切典章制度模仿中国，建立年号，使用汉文，奉唐为正朔，并向大唐纳贡称臣，唐朝则于玄宗先天二年(713)拜大祚荣为忽汗州都督，渤海郡王，从此渤海国成为大唐的藩属，也可以说中国的声势到达日本海海滨。

大祚荣再传之后为大钦茂，他偃武修文，与民休养生息，同时革新内政，重用文人执掌朝政，在境内实行府州制度，设置上、东、中、西、南京，将全国划为十五府，下领六十二州，更派贵胄子弟到长安留学，中原文化于是大行于渤海国。但是大钦茂于唐德宗贞元九年（793）崩逝之后，渤海国内部为了争夺王位展开了一场激烈的权力角逐，此后一百多年，渤海国情况时好时坏，及至五代时期（10世纪初），渤海国末王大谭撰（906—926年在位）昏庸愚昧，统御失策，整个国家已呈土崩瓦解之势。

辽灭渤海国

此时渤海国西邻的契丹，在耶律阿保机的统领之下，不但统一各部，建立大辽政权，而且南下攻灭奚族，北上控制室韦各部。耶律阿保机雄才大略，志在统一天下，逐鹿中原，想要实现这个宏愿，自然不容许东边渤海国的存在，以免有后顾之忧，而此时渤海国又恰逢昏庸无能的大諲撰在位，众叛亲离。耶律阿保机遂在天赞四年（925）率军御驾亲征渤海国，述律皇后、太子耶律倍、皇次子耶律德光从征，回纥、新罗、党项、吐蕃（音“吐钵”，即西藏）、沙陀也都派军队从征，并于次年（926）二月十四日围攻渤海国西部重镇扶余（今吉林省扶余市），双方经过一场激烈的战争后，辽军于二月十七日攻下扶余。此后辽军一路向东，势如破竹，在不到半个月的时间里，辽军以雷霆万钧之势，扑向渤海国国都上京龙泉府（约今黑龙江省牡丹江市宁安市），渤海国毫无反击之力，末王大諲撰只得“素服牵羊、率僚属三百余人出降”。耶律阿保机派近侍康末恒等三十人入城查看，偏偏城中有若干渤海国士兵不甘国破家亡，恃众杀了康末恒等三十人，昏昧的大諲撰以为士气可用，转而抗辽，耶律阿保机自是大怒，再度挥军攻城，陷之，大諲撰只好再度马前请降，渤海国就此灭亡。

自大祚荣于武周圣历元年（698）建国，至大諲撰于辽天赞五年（926）请降灭亡，渤海国前后享祚 229 年，也算是延续较久的地方性政权。渤海国虽然从此走进历史，也曾创下光耀璀璨的文明，但这个文明是建立在汉文化的基础上。渤海国疆域向东一直到日本海海滨，换言之，是渤海人将汉文化传播到亚洲的最东北角，在一千年前今黑龙江省以东直到海滨都是汉文化所覆盖的地区，负起传播责任的不是汉人，而是渤海人，这一点在以往的文献中鲜有人提到，然而却是很重要的一点。

东丹国

辽灭渤海国后，把渤海国之名改为东丹，“以其建国在契丹之东也”。这个说法如果确能成立，就足以证明契丹在建国之初就已经相当汉化，以渤海在契丹之东，所以称之为东丹，这完全是汉语文的表达方式。契丹族是东胡鲜卑族的余绪，其语言类型为胶着语型，属阿尔泰语系的东胡语，所以“契丹”这个词是不可切割解释的，汉文的“契丹”只是音译，只有在汉语文中，才有可能将“契丹”分开来读。从而也可以推知，契丹民族在耶律阿保机建国之初，辽朝就已经具有相当高的汉语文或汉文化水平。这虽是题外话，但却颇值得一提。

耶律阿保机既以原渤海国故地建为东丹国，并以太子耶律倍为东丹国王，便将原渤海国王大諲撰一族强行迁往辽上京临潢府（约今内蒙古自治区赤峰市巴林左旗波罗城）。辽太祖耶律阿保机对东丹国基本上采取较宽松的统治政策，更让东丹国王也就是辽太子耶律倍拥有相当的自主权。如史传称：“凡渤海国（即东丹国）左右平章事、大内相已下百官，皆其国自除授。”这里所说的平章事是“同中书门下平章事”的简称，为唐宋时的宰相，从而可知东丹国王有相当大的用人权。东丹国最高行政机构为中台省，按例用契丹人与渤海人，如辽太祖最初任命的东丹四相中，左大相为契丹人耶律迭剌（耶律阿保机之弟、耶律倍之叔），右大相为原渤海大相，左次相为原渤海司徒大素贤，右次相为契丹人耶律羽之；这种契丹、渤海兼用的方式相当公平，至于大相以下诸官，都授权给东丹国王耶律倍自行任命。

耶律阿保机的这种做法有以下双重用意，其一，以太子耶律倍为东丹国王，以其弟耶律迭剌为左大相，此乃拥有实权之宰相，如此就可以实际控制东丹；其二，将部分官职由渤海人出任，形同中国传统治边政策中的“饵之以禄位”，以达到怀柔渤海人的目的。

辽太祖的算盘虽然打得如意，但人算不如天算，渤海人民对辽太祖“饵之以禄位”的做法并不领情，时有反抗事件发生，而东丹国设立不久，耶律阿保机就驾崩了，依理应当由太子耶律倍嗣立大辽君位，可是当耶律倍返回临潢府奔丧时，阿保机之妻述律太后却属意由次子耶律德光继位，而耶律德光即位后，生怕如果让耶律倍返回东丹，将挟渤海之众对辽朝不利，于是将耶律倍扣留在上京临潢府。

耶律倍的问题虽已解决，可是东丹国依然存在，这使耶律德光深感困扰，这时东丹国右次相耶律羽之向大辽朝廷上了一道奏折：“我大圣天皇（指辽太祖耶律阿保机）始有东土，择贤辅以抚其民，不以臣愚而任之，国家利害，敢不以闻。渤海昔畏南朝（指唐），阻险自卫，居忽汗城（即龙泉府）。今去上辽邈，既不为用，又不掔戍，果何为哉？先帝因彼离心，乘衅而动，故不战而克。天授人与，彼一时也。遗种浸以蕃息，今居远境，恐为后患。梁水之地，乃其故乡，地衍土沃，有木铁盐鱼之利，乘其微弱，徙还其民，万世长策也。彼得故乡，又获木铁盐鱼之饶 ，必安居乐业，然后选徒以翼吾左，突厥、党项、室韦夹辅吾右，可以坐制南邦，混一天下，成圣祖未集之功，贻后世无疆之福。”（《辽史·耶律觌烈附羽之传》）耶律羽之显然揣度出辽太宗心中的困扰，而这项建议是要将渤海人民迁往辽东梁水一带（今辽宁省境内太子河），也就是说将人数相对较少的渤海人迁到契丹人聚居地区，用以同化渤海人，使之不致对辽朝构成威胁，因而此议立即被辽太宗所接受，于是就在天显四年（929），辽太宗下令强将渤海人迁往辽东。

民族集体迁徙本来就是一件极其艰辛的工作，如果是出于强迫，那么除了艰辛之外，更是充满怨气。就像北魏时期对降附或征服之各民族，多强制迁徙，如北魏道武帝时就曾“徙山东[①]人吏及徒何[②]、高丽杂夷、三十六署百工伎巧十余万口以充京师（即平城，今山西省大同市）”（《北史·魏本纪》）。到太武帝拓跋焘时，曾强将柔然（或作蠕蠕、茹茹）、高车（或作丁零、敕勒）降附之众迁往漠南。强制迁徙的过程极其残酷。渤海人早已脱离以渔猎为主的生活方式，大部分已习惯于安居的农业生活。农业民族都是依赖土地生活，因此有安土重迁的习性，渤海人当然不愿意离乡背井，迁往人生地不熟的辽东地区，所以有一些渤海人纷纷逃亡。史称：“其民或亡新罗、女直。”（《辽史·太宗纪》）新罗在今朝鲜半岛，女直就是女真，《辽史》因避辽兴宗耶律宗真名讳，而改女真为女直。

辽朝这次强迫渤海人大迁徙，等于改变了渤海人的地理分布状况，较之诸胡列国及北朝时将各地豪酋迁往京师之举更为不人道。后代所见辽、金两朝有关渤海人的活动，多局限于以辽阳为中心一带的地方。

辽朝规定，东丹国每年必须向辽进贡“细布五万尺、麤（音意皆同‘粗’）布十万匹、马一千匹”。对东丹国而言，这是相当沉重的负担，而且东丹国并非盛产马匹之地，要每年贡一千匹马，显然难度颇高，这就迫使

① 此处山东系指太行山以东，古史上之山东多作此解，不是指今日之山东省。

② 或作屠何，此处系匈奴之族。

东丹国要以相当多的物资向西北地区的游牧民族交换马匹，以为进贡之用，这对东丹国而言，不无压榨之意。东丹王，也就是辽太祖耶律阿保机的太子耶律倍，被其弟辽太宗耶律德光扣留在辽上京临潢府，形同软禁。不仅如此，“又置卫士阴伺（耶律倍）动静”（《辽史·耶律倍传》）。在这种情形下，耶律倍不仅极度不悦，而且形同囚禁，不无度日如年之感。后唐明宗李嗣源得知后，认为如能招来耶律倍，或许可以作为牵制契丹的一枚棋子。

唐末五代时，中原动乱，契丹兴起于东北，对中原形成莫大之威胁，所以后唐李嗣源才有这种想法，因此暗中派人到辽境给耶律倍送上一封密函，以示招纳之意。耶律倍在极度无奈之下接受了后唐的招纳。辽太宗天显五年（930）十一月，耶律倍由海路投奔后唐。据有关文献所载，耶律倍率部属四十人从登州（今山东半岛东部）出发，并在岸边立木为碑，在木碑上以汉字写了类似五言绝句的诗词。

这首诗似乎意有所指，颇堪玩味，特录之如下：

小山压大山，
大山全无力，
羞见故乡人，
从此投外国。

耶律倍到后唐之后，后唐明宗赐耶律倍姓东丹名慕华。后唐李氏原是突厥系沙陀族，唐懿宗咸通十年（869）始赐李姓，下距后唐明宗仅六十多年，但此时的明宗显然已以汉人自居，所以赐耶律倍名慕华；随耶律倍而来的人，也都赐以姓名[①]。后唐明宗长兴二年（931），再度赐

① 《契丹国志·东丹王传》。

耶律倍姓名为李赞华，与国同姓，以表尊崇之意，赐名赞华者，大有盛赞中原之意。后唐长兴三年，以李赞华为义成节度使，并选朝士为其僚属，以为辅佐，可见后唐明宗对李赞华的重视。

虽然后唐明宗对李赞华既重视又礼遇，但李赞华深知，身为降臣不宜过问政事，因此终日悠游，绝不过问节度使应管之事，这正合后唐明宗的心意。尽管李赞华有时可能悠游过分而逾越法度，明宗也不过问，更以后唐开国者李存勖的后宫佳丽夏氏赐李赞华为妻。可是据文献所载，李赞华为人残酷，好吸食人血，他的众多姬妾大多刺臂以供他吸吮，婢仆小有过失，或者施以挖目、割肉之刑，甚至以火烫之，夏氏受不了这种怪异行为，向后唐明宗哭诉，并且自愿落发为尼。

可是另一方面，李赞华喜欢读书，却不喜欢射猎（契丹自帝王以下莫不喜爱射猎），据史传所载，他还是东丹王时，曾派人潜赴幽州购买

《东丹王出行图》

李赞华绘，美国波士顿美术博物馆藏。李赞华，原名耶律倍，契丹人，辽太祖长子，封渤海王，因受猜疑而出奔后唐，改名李赞华，世称“东丹王”，辽画家，擅长绘画辽国人物鞍马

各种书籍多达几万卷运回东丹，并在医巫闾山上盖了一座书房，命名为“望海堂”。当时还没有创制契丹文字，因此他派人所买的书全是汉文书。他能拥有几万卷书，就当时而言，可以算是很大的藏书家。从李赞华喜欢藏书、读书来看，他应该是一个温文儒雅的人，之所以在投奔后唐后性格有了极大转变，极可能是由于失去帝位，心中郁闷，才有了那些怪异的举动，用以宣泄心中的不满。[①]

辽东丹王李赞华自投附后唐明宗后，长期居住中原，他的绘画风格对后世影响很大。以附图《东丹王出行图》为例，图中人物形象似胡人，各具姿态，衣冠、服饰、佩戴亦各有不同，马匹矫健、丰肥，而主角东丹王则神情忧郁，若有所思，暗示了他弃辽投唐后的处境。

后唐明宗李嗣源在位八年（926—933），崩卒后由养子李从厚立，是为后唐闵帝，但明宗另一养子李从珂不服，举兵造反。闵帝被杀，李

① 《契丹国志·东丹王传》。

从珂嗣立，是为后唐末帝，此时明宗女婿石敬瑭也不服，竟欲引契丹兵攻击李从珂，以便另建政权自立为帝。后唐末帝眼见大势已去，若留李赞华更是后患无穷，便派宦官秦继旻、皇城使李彦绅到李赞华府邸，将他杀死。及至石敬瑭得契丹之助建立后晋，才下诏追赠李赞华为燕王，并且将李赞华的灵柩送回契丹。

辽朝自创建者耶律阿保机死后，王位继承问题就争议不断。阿保机崩后，在述律太后的强力运作下，舍太子耶律倍不立，而立次子耶律德光，从此历代帝位继承都是一场争夺。辽太宗耶律德光在位二十一年（927—947），崩卒后，述律太后原有意扶立阿保机的第三子耶律李胡（耶律德光之弟），但此人暴虐特甚，国人不服，故拥立耶律倍之子耶律阮，许多契丹元老、大臣、贵族都站在耶律阮这边，述律太后为形势所逼，只得承认由耶律阮继位，是为辽世宗。

第五章

燕云十六州

内外交困的后梁

唐末藩镇割据严重，唐哀帝天祐四年（907），权臣朱全忠得唐帝“禅让”即位，建国号为梁，史称“后梁”。朱全忠改汴州为开封府，称东都，并以洛阳为西都。

后梁初期曾力革唐末弊端，奖励农耕，轻徭薄赋，发给官吏全俸，稍解官民倒悬之苦。但没多久，朱全忠就开始纵情声色。朱全忠的长子早逝，次子博王朱友文的妻子王氏姿色美艳，三子朱友珪的妻子张氏也颇有姿色，因此朱全忠把两个儿子都派往外地任官，然后强占儿媳，致使后梁皇室内部不和。外在形势更为险峻。朱全忠虽已篡唐，但各方割据势力如河东晋王李克用、凤翔岐王李茂员、淮南吴王杨渥、蜀王王建却仍然奉唐昭宗（唐哀帝之父）年号，可见朱全忠的自立并没有得到举国一致的认可。

后梁开平二年（908），李克用病逝，子李存勖继任晋王。李克用之弟李克宁为取晋王爵位，竟以河东之地降于后梁。李存勖和监军于是合力诛杀李克宁，从此整军经武，改革内政。据《资治通鉴》所载，李存勖“命州县举贤才，黜贪残，宽租赋，抚孤穷，伸冤滥，禁奸盗”。于是境内大治。李存勖所训练的军队更形成一支劲旅，对后梁形成严重的威胁。后梁与晋围绕着河北，多次展开激战，结果均是后梁大败。朱全忠自知几个儿子都不成材，希望也有个像李存勖这样的儿子，并曾在后梁乾化二年（912）喟然而叹：“我经营天下三十年，不意太原余孽（指李克用势力）更昌炽如此！”之后又说：“我死，诸儿非彼敌也，吾无葬地矣！”

后来朱全忠病危时，召当时在宫中的二儿媳王氏前来，要她请丈夫朱友文迅速回宫准备继位，当时也在宫内的三儿媳张氏得知后，立刻派人通知丈夫朱友珪，朱友珪闻讯后率兵趁夜进入宫禁，先下手为强，杀了朱全忠，然后矫旨再杀二哥朱友文，接着便自行登基。然而群情不服，次年（913）二月，朱全忠的四子均王朱友贞率禁兵杀朱友珪，在大梁（今河南省开封市）即位，是为后梁末帝，改元贞明。

后梁的宫廷内乱给晋王李存勖一个很好的机会，他一举攻破幽州，又夺得天雄镇（即魏博镇，今河北省邯郸市大名县东北）。就在耶律阿保机建辽称帝的后梁贞明二年（916），后梁和李存勖在魏州（今河北省邯郸市大名县）决战，后梁大败，七万军兵死伤殆尽，元气大伤，朱友贞不禁大叹“吾势去矣”！然而，虽然前方战场节节失利，后梁的宫廷却还处于贪腐混乱的状态。朱友贞宠爱德妃，进而信任德妃的兄弟张汉鼎、张汉杰，这两个外戚卖官鬻爵、离间将相，后梁已呈江河日下之态。

贞明三年（917）之后，李存勖开始进攻后梁的心腹地带河南。双方在杨刘（今山东省聊城市东阿县北）、德胜（今河南省濮阳市濮阳县、清丰县一带）两处黄河口展开激战，反复拉锯，一时难分胜负。

后唐皇权之争

后梁末帝龙德元年（921），后梁引契丹兵以拒晋王，耶律阿保机认为机不可失，亲自率兵长驱南下，但次年被李存勖打败。

龙德元年十月，李存勖已夺得河北三镇。两年后（923），李存勖已夺得河东（今天津市一带）、魏博、易定（今地不详）、镇冀（今地不详）四大重镇。同年四月，李存勖在魏州（今河北省境内）正式称帝，即为庄宗，国号大唐，建元同光，史称“后唐”。五代十国是中国历史上最混乱的时代之一，朝代更迭之快更是国史少见，臣子凭借武力弑君夺位可说是稀松平常之事。

后唐庄宗于同光四年（926）驾崩后，皇位由其子李嗣源继承，史称后唐明宗。明宗有一个女婿，名为石敬瑭，明宗以他为北京（指今山西省太原市）留守，河东节度使，兼大同、振武、彰国、威塞等军番汉马步军总管，加兼侍中。

明宗的养子李从珂也是明宗非常信任的人，因此李从珂和石敬瑭常

《八达春游图》

五代后梁赵岩所绘，主要描绘宫廷生活。图中主角所穿的圆领衫沿袭了胡风，从这幅画中可以看到大唐文化的兼容并蓄

常相互争斗，彼此猜忌，只是明宗在位，一时相安无事。后来明宗年老多病，长兴四年（933），其子李从荣急于夺权，竟然率兵进入宫中。宫中卫兵杀死李从荣，但明宗却受惊吓而死，由另一子李从厚继承帝位，是为闵帝（或作愍帝）。闵帝即位后，因猜忌李从珂和石敬瑭，就在即位的第二年，任命李从珂为河东节度使，而把石敬瑭调作成德（今河北省正定县）节度使，逼迫两人离开原属根据地，从而削弱其实力。李从珂怕自己在赴任途中被杀，于是起兵反叛，闵帝派大军攻凤翔（今陕西省宝鸡市凤翔县），没想到后唐的大军都投降到了李从珂阵营，李从珂也赏赐投降兵将，以收揽人心。

闵帝又调动各路兵马前去阻挡李从珂，结果这些兵将也都归入李从珂帐下。聚集大军的李从珂于是一路杀向后唐都城汴梁。到陕州（今河南省三门峡市）时，闵帝的亲信大臣不是逃走，就是投降，闵帝只带了

五十骑落荒而逃，结果在途中遇到了石敬瑭。此时石敬瑭正好要从河东入朝，眼见闵帝身边只有五十骑跟随，连将相、侍卫、府库、法物这四大象征皇权的东西都没有时，不禁喟然长叹，觉得闵帝根本不算是个皇帝。

这时，石敬瑭的弓箭库使沙守荣就责备石敬瑭："你是明宗的女婿，和皇帝一家荣辱与共，现在天子流离在外，你就该全力协助匡复王室，怎能因天子没有携带象征皇帝的仪仗，就不认他是天子呢？难道你要附和逆贼李从珂吗？"可惜这一番义正词严的话石敬瑭根本听不进去，反而更坚定了他夺权的决心。于是石敬瑭亲自率领大军，与将领陈晖、刘知远等人，杀光后唐闵帝身边的五十骑，只留下闵帝一人。结果闵帝才走到卫州，就被刺史缢杀了。

李从珂一入洛阳就即位称帝，史称后唐末帝（或作废帝）。末帝虽然猜忌石敬瑭，但是仍然任他为河东节度使，并未将他留在都城。石敬瑭的妻子晋阳公主是后唐明宗的女儿，晋阳公主的生母曹太后此时尚且健在，为了自保，更为了之后的篡权大计，石敬瑭贿赂曹太后身边的人，要他们打探李从珂的一举一动。此外，石敬瑭还在来访的宾客面前伪装成"羸瘠不堪为帅，冀朝廷之不忌"（见《资治通鉴·卷二七九》）。

这时已有朝臣看出石敬瑭要谋反。吕琦等就判断，石敬瑭若要谋反，一定会勾结契丹以为后援，所以主张与其任由石敬瑭勾结契丹，不如由朝廷跟契丹和亲，以断石敬瑭外援。

起初末帝欣然同意，但是枢密直学士薛文遇却反对"以天子之尊，屈身奉夷狄"，更阻止以国家"安危托妇人"。最后末帝采纳了薛文遇的谏议，废止跟契丹和亲的提议。

既然不能阻止石敬瑭谋求外援，就得设法阻断他跟契丹的来往，所以末帝就想把石敬瑭调去外地，但石敬瑭岂肯轻易离开自己的河东地盘？于是石敬瑭的谋士桑维翰就建议：不如向契丹借兵，放手一搏，因为若不孤注一掷，势必会被末帝所灭。在这种非反即死的情况下，石敬瑭别无选择，只得乞兵于契丹。

儿皇帝

桑维翰虽然建议向契丹求援，但只是希望事成之后给契丹一些金钱货物作为酬谢，没想到石敬瑭却承诺一旦当上皇帝之后，除了每年送给契丹白银三十万两、布三十万匹之外，还将燕云十六州割让给契丹，从此山南、山北都归契丹所有，中原门户洞开。更有甚者，石敬瑭还提出要拜契丹皇帝为父亲。他手下的大将刘知远极力阻止，认为对契丹称臣尚可忍受，但要称儿子就太有辱国体了。可是石敬瑭不听刘知远的建议，执意要做儿皇帝，石敬瑭就这样争取到了契丹的援兵。

后唐末帝清泰三年（936），石敬瑭灭后唐，自立为帝，是为高祖，建国号为“晋”，史称“后晋”。后晋高祖天福三年（938），石敬瑭命冯道为契丹太后册礼使，左仆射刘煦为契丹皇帝册礼使，正式奉辽主为父皇帝，自称臣。辽太宗耶律德光龙心大悦，让石敬瑭以后上表不称臣，而称儿皇帝，这样才像一家人。

后晋官员并不是都如石敬瑭一般没有气节，成德节度使安从荣就为后晋以臣事契丹而不齿。从姓名看，安从荣很可能是西域安国（今乌兹别克斯坦西南布哈拉）胡人的后裔。他出身行伍，为人粗率、勇猛好斗。安从荣曾对人说：“现在只要手里有强壮的兵马，就可以当天子了。”一语点破五代十国的政治局势。安从荣对契丹派来的使者不但不假以辞色，而且常予以臭骂。后晋天福六年（941）六月，安从荣把契丹派来的使者拽剌抓起来，还派骑兵到幽州南境大肆掠夺一番，算是出了心中一股怨气。契丹当然向石敬瑭讨“公道”，可是由于安从荣手握重兵，石敬瑭也奈何不了他，只好不停向契丹赔不是，外加赔偿钱财。

后来，安从荣杀了契丹使者，捅出大娄子，显然不是道歉、赔钱可以了事的。于是安从荣干脆上表朝廷：“愿自备十万众，与晋共击契丹。”可是桑维翰却劝石敬瑭说：“（安）从荣恃勇轻敌”，“非国家之利，不可听也。”更进而劝石敬瑭“训农习战，养兵息民，俟国内无忧，民有余力，然后观衅而动，则动必有成矣”。

桑维翰的建议并没有错，只是石敬瑭并不是一个有远见的政治家，也无法训农习战、养兵息民，等契丹内部不稳定时，再一举出击。而且后晋各镇都由武将把持，朝廷拿这些镇将毫无办法，而镇将为了培植实力，无不尽情搜刮，人民苦不堪言；训农习战，养兵息民，根本就是天方夜谭。所幸安从荣也只是说说而已，并未派兵遣将攻打契丹。

天福七年（942）六月，石敬瑭积忧成疾，一病不起。在临终时，他独召大臣冯道，这时宦官抱着石敬瑭的幼子石重睿向冯道行跪拜礼，然后再把孩子放到冯道怀里，这很明显是托孤之意，要冯道辅佐幼主继位。不久，石敬瑭撒手西归，可是冯道却没有遵行石敬瑭的遗愿，他认为国家正值多难，应立长君，于是跟侍卫马步都虞侯（官名）景延广商量后，拥立石敬瑭哥哥的儿子齐王石重贵为帝，史称出帝，又称少帝。

燕云十六州

州名	今地名	备注
幽州	今北京一带	治燕州
蓟州	今天津市蓟县	治蓟
瀛州	河北省沧州市河间市	治河间
檀州	北京市密云区	治密云
顺州	北京市顺义区	治宾义
新州	河北省张家口市涿鹿县	治永兴
妫州	河北省张家口市怀来县	治怀戎
儒州	北京市延庆区	治缙山
莫州	河北省沧州市任丘市	治莫
涿州	河北省涿州市	治涿
武州	河北省张家口市宣化区	治文德
云州	山西省大同市	治云州
应州	山西省应县	治金城
寰州	山西省朔州市东北一带	治寰清
朔州	山西省朔州市	治善阳
蔚州	河北省张家口市蔚县	治安边

后晋覆灭

出帝石重贵登基后，立刻任景延广为马步都指挥使，更进而加封景延广为宰相。景延广一向对石敬瑭向契丹称臣不齿，一旦他手握大权，自然就将不满付诸行动，于是整个后晋朝廷掀起了一片反契丹的声浪。

出帝在向契丹告丧的文书中只称孙而不称臣，辽太宗看到告丧文书之后，心生不满。而大辽朝廷中，汉臣赵延寿也妄想当晋帝，就趁机劝太宗出兵击晋；而后晋内部的平卢（今辽宁省朝阳市）节度使杨光远也想取出帝而代之，于是也遣密使到辽，游说辽出兵伐晋。辽太宗对赵延寿、杨光远的心思了然于胸，于是调集山后各州及幽州兵马五万人，交由赵延寿统率，并告诉赵延寿，只要灭了后晋，就让他做皇帝。这五万人几乎都是汉人，再加上利欲熏心、一心一意要做皇帝的赵延寿，辽太宗这招标准的“以汉制汉”可以说是“高明”至极。

后晋出帝天福九年（944），赵延寿率领五万兵马奔向黎阳（今河南省北部），辽太宗则屯兵元城（今河北省邯郸市大名县），后晋沿黄河设防。由于多年来中原汉人受尽契丹人的凌辱，加之政府难得出兵抗击契丹，后晋人心振奋，士气高昂，初期几场战事都是后晋得胜。

赵延寿唯恐皇帝梦碎，就力劝辽太宗亲自率兵十万驻澶州（今河南省清丰县西南）城北作战，但赵延寿依然胆怯。这次两军对垒，后晋将军张从恩见契丹士兵多，就提议先退到黎阳，靠大河拒敌，结果没有获得同意，张从恩就自行领了一部分兵马先走，其他诸部也就相继撤退，

赵延寿

赵延寿（？—948），辽大将，常山（今河北省正定县）人。本姓刘，后为赵德钧养子，而改姓赵。

娶后唐明宗女兴天公主，为汴州司马。明宗即位后，又封他为汝州刺史，后历任河阳、宋州节度使。后晋天福元年，兵败为契丹所获，封他为幽州节度使。存诗一首：

黄沙风卷半空抛，云重阴山雪满郊。
探水人回移帐就，射雕箭落著弓抄。
鸟逢霜果饥还啄，马渡冰河渴自跑。
占得高原肥草地，夜深生火折林梢。

不料队伍再次大乱，让契丹捡了便宜。

不久，后晋蒋彦伦率五百人守相州（今河北省邯郸市临漳西南），赵延寿领数万契丹兵准备攻打相州，只是听说后晋有援军，就马上撤退了。契丹军自恒州（今河北省石家庄市正定县）北还经过祁州（今河北省安国市）时，探听到祁州城中只有很少的守军，便急忙攻打祁州。祁州刺史沈斌坚守不让，赵延寿在城下对沈斌说："你我是老友，古语说'择祸莫若轻'，何不投降呢？"沈斌回他说："你父子走错了路，投降外族，还敢带领豺狼来残害本国，真是不知羞耻……我虽然弓断箭尽，但甘为国家而死，绝不会像你向外族乞降。"第二天，祁州城被攻破，沈斌自杀。

后晋出帝重用姑丈杜威为北面行营都招讨使，统率诸军。但杜威既无才华又贪残无比，后晋诸多将领都对他心生不满，使得刚刚聚拢的民心士气又松散下来。再加上出帝骄侈荒淫，尤其宠爱优伶，对他们的赏赐居然多过奋勇杀敌、身负伤残的士兵好几倍甚至几十倍，这怎能不让为国家奋不顾身的将士心寒呢？后晋与契丹对峙的结果，自然是后晋失

出帝的殉国闹剧

大辽兵临开封城下时，后晋出帝装模作样地在宫中放了一把火，拿了一把剑，逼后宫十多人跟他一起投火殉国。结果被亲军将领薛超抱住，出帝于是“只好”令翰林学士范质写下降表。

不但出帝石重贵有降表，而且太后李氏也有一份降表。降表写好后，再由出帝的儿子石延煦、石延宝连同国宝、金印一起献给契丹，后晋就这样灭亡了。

败。后晋出帝开运三年（946），契丹大军兵临城下，出帝只得投降。

石敬瑭靠契丹称帝，传到侄子石重贵，前后只有二帝，共十一年。石重贵投降后，契丹就将他和李太后一起迁到大辽境内，他们沿途受尽屈辱。《资治通鉴》以及欧阳修编撰的《新五代史》分别记载了这批亡国者北迁的情形。

石重贵一行除李太后外，计有宫女五十、宦官三十、东西班五十、医官一、控鹤四、御厨七、茶酒司三、仪鸾司三、六军士二十人从，真是一支庞大的队伍，由辽朝派三百名骑兵押送。

石重贵投降后，辽朝封他为光禄大夫、检校太尉两个虚衔，又封他为负义侯，顾名思义是在羞辱他。

辽世宗天禄元年（947）四月，石重贵来到辽阳（今辽宁省辽阳市），穿上白衣纱帽，拜见大辽皇帝世宗。世宗带走石重贵的儿子石延煦以及石重贵的宦官十五人、东西班十五人。世宗的内兄禅奴舍利听说石重贵有一个女儿还未嫁人，就想娶她。石重贵以女儿年纪还小为由婉拒了，但身为俘虏焉能拒绝？几天后，世宗就派骑兵强掳了这个公主，赏给禅奴舍利。

一心向汉的后晋太后

后晋出帝石重贵一行人到辽没多久，石重贵的生母安太妃就病薨了。从安太妃的姓氏来看，她有可能是西域安国人。

安太妃临终时交代，她死后要依据西域胡人的葬俗进行火化，然后把骨灰向南撒，希望自己的骨灰能随风飘向中国。从这一点看，她虽然还保留着胡族的传统习俗，但是已经彻底融入中国了。

就在这时，后晋高祖石敬瑭的妻子李太后也病了。由于病情加剧，又缺医少药，李太后自知末日将至，就告诉石重贵："我死后将我火化，骨灰送到范阳佛寺，不要让我成为契丹统治下的鬼魂。"但石重贵并没有把她的骨灰送到范阳佛寺，而是按照大辽的意思安葬了李太后的骨灰。之前安太妃的骨灰也没有按照她的遗愿撒向南方。

辽天禄二年（948），辽朝把石重贵等人安置在建州（今辽宁省朝阳市内）。石重贵一行在建州安顿下来后，辽朝在城外划了五十多顷地，要石重贵等人自行耕种。这些人自幼养在深宫里，整日锦衣玉食，这下成了"农民"，当然苦不堪言。然而除了接受，又能奈何？还不只如此，石重贵的两个宠姬赵氏和聂氏都被辽太宗之子、述律王耶律璟看上，并强行夺去。石重贵此时已是刀俎上的鱼肉，只能任人宰割了。

据史料所载，后周恭帝显德七年（960）时，有人从辽境来到中原，还带来了后晋这批皇族俘虏还活着的消息。可惜最后究竟如何，并无文献记载，只有《新五代史》称其不知所终。

第六章

大辽太后燕燕

耶律阮夺权之谜

契丹自建立大辽政权之后，帝位的继承就一直很不平顺，耶律倍投奔后唐后，辽朝皇室内部的冲突更是不曾间断。

辽太宗耶律德光过世后，依照皇室血缘远近看，最有资格继承皇位的应该是耶律倍的长子永康王耶律阮、太宗长子寿安王耶律璟以及太宗弟耶律李胡三人。述律皇太后宠爱三子耶律李胡，之前已设法要太宗颁给耶律李胡皇太弟的名号，更授之以天下兵马大元帅的职位，显然是要让耶律李胡成为皇位的继承人。可是据《辽史》所载，耶律李胡“少勇悍多力，而性残酷，小怒辄黥人面，或投水火中”，为人极端暴虐，不得人心。可是偏偏述律皇太后尤为宠爱他，这就为太宗过世后的皇权争夺战掀开了序幕。

耶律倍投奔后唐后，妻儿都还留在东丹。辽太宗南征后唐时，耶律倍的长子耶律阮为了寻找父亲的遗骸，曾随同太宗南征。没想到太宗在归途过世，消息传回大辽，述律皇太后就一心要把帝位传给不得人心的耶律李胡。之前，辽太祖耶律阿保机过世时，还是皇后的述律氏为使次子耶律德光顺利继位，曾诛杀了许多随同耶律阿保机南征北讨的将领。现在眼看情况类似，随同太宗南征的将领不禁深感恐惧，唯恐旧戏重演。他们认为即使能躲过太后的诛杀，也恐怕难逃好杀成性的耶律李胡的毒手，所以执掌军中兵权的南院大王耶律吼、北院大王耶律洼等将领都暗中拥立同在军中的永康王耶律阮，让他先行继位后再北返。

耶律安搏

耶律安搏（？—953），契丹族，耶律阿保机伯父严木之后。辽太宗大同元年（947），耶律德光于栾城（今河北省石家庄市栾城区）驾崩，耶律安搏当时是宿卫，便与耶律阮密谋，劝其为帝；又与南、北二大王密议，拥耶律阮继位为世宗。

耶律阮以他为心腹，总领宿卫，首任北院枢密使，赏奴婢百口。但耶律安搏对政敌控制不力，又不能镇压察割叛乱，造成政局混乱，最终导致辽世宗被杀。穆宗继位后，不再重用耶律安搏，穆宗应历三年（953），耶律安搏被诬参与谋反，下狱而死。

耶律阮想，自己自立为帝，而自己之上既有祖母一心维护的皇叔耶律李胡，又有位于上京的太宗长子寿安王耶律璟，因而犹豫不决，于是找担任宿卫的心腹耶律安搏商量。耶律安搏认为耶律阮“聪安宽恕，人皇王（即东丹王）之嫡长子，先帝虽有寿安，天下属意多在大王，今若不断，后悔无及。”[①]

耶律阮这下有了信心，而耶律安搏更是在军中散布谣言，说太后所宠爱的耶律李胡已经死了，以强化军队拥立耶律阮的信心。

眼看一切部署就位，耶律阮拿出一份事先准备好的辽太宗“遗诏”宣读：“永康王为太圣皇帝（指辽太祖耶律阿保机）之嫡孙，人皇王之长子，太后钟爱，群情允归，可于中京即皇帝位。”耶律阮就凭这一份“遗诏”在辽太宗的灵柩前继位。当时掌握兵权的耶律吼、耶律洼向军队下达命令：“先帝龙驭上宾，神器无主，永康为人皇王之嫡长子，天人所属，当立；

① 《辽史·卷七十七·耶律安搏列传》。

有不从者，以军法从事。”先是以制造“遗诏”取得继承的“合法性”，再用“有不从者，以军法处事”加以威胁，耶律阮就这样当上了辽朝的第三任皇帝，史称辽世宗。

世宗即位几天后，契丹大军继续北返到定州（今河北省保定市内），世宗派人护送太宗的灵柩先行到上京，同时向述律太后禀报自己已经继承帝位之事。述律太后闻言勃然大怒道：“我儿耶律德光东征南战，立下汗马功劳，自然是由他的长子继承大统，你（耶律阮）父亲耶律倍大逆不道，背弃大辽投奔他国（指东丹王投奔后唐），岂可立此人之子做皇帝？”

述律太后于是派耶律李胡领兵攻击世宗的军队，并且加派汉将李彦韬为排阵使①。耶律李胡的部队向南前进时，在泰德泉（今北京市北方）被率军北返的世宗前锋军队打败了，而李彦韬干脆投降世宗。消息传回后，述律太后更是怒不可遏，她亲率大军南下，想要击垮世宗。两军相拒于潢河。述律太后曾经诛杀过许多大臣，早已引起诸多大辽贵族的愤恨。这时两军对峙，眼见世宗军容严整，声势浩大，述律太后麾下的一些将领因此转而投向世宗阵营，局势显然不利于述律太后。眼见胜券在握，为避免同室操戈，世宗上书述律太后，希望不要兵戎相见，通过协商以解决冲突。述律太后审时度势，虽然自己引重兵南下，但是在前锋吃了败仗，排阵使又向世宗投降了，认为自己未必能赢。与其兵败，不如趁现在手中还有重兵，凭着自己的身份，和谈未必没有机会，于是就找契丹的惕隐②耶律屋质商量，开始跟世宗谈判。

在谈判过程中，世宗质问：当初太祖驾崩时，何以不立太子耶律倍而刻意改立耶律德光？世宗借此重申，自己身为耶律倍的嫡长子，理当继承帝位。

① 军事职官名称。

② 契丹语，典族属官，也就是宗正之类的官，属族中长老。

述律太后则辩称：扶立耶律德光是秉承太祖的遗旨。世宗当然知道这只是借口，而述律太后一心要立幼子耶律李胡，更是大辽贵族最不愿意接受的事情。这时参与谈判的耶律屋质说，当年耶律德光之所以得立，是“太后牵于偏爱，托先帝遗命，妄授神器”，此时既然有嫡长子系的世宗，就不该再传位给诸弟耶律李胡，当初传位耶律德光已经引人非议，如今若再传位耶律李胡，就更不服众了。述律太后想想，当年执意立耶律德光，确实令长子耶律倍难堪，而目前的情势虽然还不至于众叛亲离，但政治、军事两方面，优势都不在己方，她也只得顺水推舟同意由世宗继承帝位。

于是辽世宗天禄元年（947），经过谈判，述律太后终于同意承认世宗继位的合法性。

萧翰叛乱

世宗回到上京后，立刻追尊父亲东丹王耶律倍为让国皇帝，一方面寄托孝思，另一方面也突显他继承帝位的合理性。但世宗对述律太后以及耶律李胡仍满怀戒心，为巩固统治权，他采取了一系列措施。其一，他以“怀有异谋”的罪名将述律太后和耶律李胡幽禁在祖州（今内蒙古自治区赤峰市巴林左旗西南），禁止他们出入。又处死他们的党羽司徒划设等人，还把述律太后的长宁宫分赐给“翼戴功臣”。其次，世宗将母舅一族提升为国舅帐，以巩固自己的统治基础。其三，耶律阮大肆封赏拥立有功之人，升耶律洼为于越[1]；升耶律吼为秉访使；升安端为明王，

① 贵官，居北、南大王上，非有大功者不授。见《辽史·国语解》。

主持东丹国事，其子察割（或作察哥）也封为泰宁王；刘哥封为惕隐；后晋降将高勋被封为南院枢密使，主持汉人事务。其四，为了加强统治，世宗特别在北面官中创设北枢密院，任耶律安搏为北枢密使，兼领大辽兵马大权。北枢密院从此成为北面官中最高的行政机构。此外，他又仿汉人制度设立政事省，并下诏令各州县录事参军、主簿之类的佐官都归政事省管理。诸多措施，一切都旨在巩固政权。

然而，大辽王朝并没有因世宗的改革而趋向稳固，世宗如同他父亲耶律倍一样倾心汉化。《辽史》说他“慕中原风俗，多用晋臣”，这引起诸多契丹贵族的反感，而世宗时常“侮诸宰执”，更激起契丹贵族的不满，不满情绪不断累积，终将爆发。

世宗天禄二年（948），原拥立世宗的耶律德光次子耶律天德、述律太后的侄子萧翰、刘哥等人暗中勾结，阴谋造反，被世宗识破，于是世宗下令杀耶律天德，并狠狠打了萧翰一顿，将刘哥流放到边远地区，叛乱被暂时压制下来。

可是到了第二年初，被打的萧翰心有不甘，他和妻子——耶律倍之妹阿不里公主，两人怂恿明王安端一起谋反，被安端的儿子察割告发。萧翰被杀，阿不里公主下狱不久后也死在狱中。由于揭发有功，察割深得世宗宠信，他领女石烈军，并且可以随时出入禁宫。统领禁军的右皮室详稳[①]耶律屋质曾多次提醒世宗要多加防范察割，可是世宗不以为然，认为察割“舍父从我，可保无他”，未加丝毫防范，依然对他宠信不疑。

天禄五年（951）正月，中原局势又有变化，由石敬瑭部下刘知远所创的后汉被另一将领郭威所灭，建国号为周，史称“后周”。

同月，后汉宗室北京留守刘崇在太原建立政权，仍定国号为汉，史称“北汉”，占据河东一带。刘崇由于力量不大，于是投靠辽朝，自称“侄

① 诸官府监治官。

一代贤臣耶律屋质

耶律屋质（915—973），字敌辇，辽代政治家、学者。

《辽史》称他“资简静，有器识，重然诺。遇事造次，处之从容，人莫能测。博学，知天文”。曾历侍太宗、世宗、穆宗、景宗四朝，勇于任事，善于调停，参与平息辽朝在皇位继承问题上的两次大乱，对辽初政权的巩固及社会的稳定有重要的影响力。历任惕隐、右皮室详稳、北院大王，加于越，景宗保宁五年去世。

皇帝”。之前辽太宗率兵南下，不但未能达到预期的战果，反而死在征途，国力大损。世宗继立时，国家更是陷入一连串的动荡不安，让大辽对问鼎中原是心有余而力不足。此时北汉主动表示臣服，世宗当然大喜过望。也正在这时，江浙一带的另一政权南唐也想借辽的力量逐鹿中原，所以多次派遣使者向辽朝示好，鼓动辽朝出兵讨伐后周，以坐收渔人之利。

世宗于是一面派使臣前往北汉，册封刘崇为“大汉神武皇帝”，一面想引军南下，会同北汉军力攻打后周。天禄五年（951）夏天，辽世宗在百泉岭（今地不详）避暑，同时召集诸部大臣商议南征后周事宜。其实自太祖耶律阿保机以来，大辽几乎连年征战，人民已经怨声载道。诸部大臣都不愿意再打仗。可是世宗坚持南征，众多大辽贵族愤恨不已，可是又不得不服从。

同年九月，世宗来到归化州（今河北省张家口市宣化区）的祥古山，祭拜父亲耶律倍的陵墓。之后，君臣饮宴，世宗大醉。夜间，察割伙同贵族耶律盆都等人冲进御帐，杀死了世宗、皇太后、皇后等人，随后自立为帝。耶律屋质早先的怀疑成真了。这时耶律屋质急忙更换衣冠连夜逃出险地，召集在外诸将，准备迎立太宗长子耶律璟为帝。此时耶律璟已逃到南山躲避世宗追杀，耶律璟既得诸将的拥立，立刻出兵讨伐察割，察割的党羽一见耶律璟、耶律屋质等来势汹汹，知道大势已去，纷纷投降。最后察割被杀，叛乱很快被弭平。

耶律璟于是顺利即位，史称穆宗，并改元应历。穆宗生性暴虐，左右侍从稍有过失，就会受到严惩，因而很不得人心。

应历十九年（969）二月，穆宗到怀州（今内蒙古自治区赤峰市巴林左旗西）游猎。一天，他猎到了一头熊，便召集近臣豪饮庆贺，结果酩酊大醉，因为没吃到食物，便勃然大怒，要处决厨工。于是“掌膳者惧其祸”，便趁夜深人静时，由近侍小哥等六人假意捧了食物献给穆宗，然后在黑山行宫刺杀了穆宗，穆宗因此崩卒，年仅三十九岁。小哥这六人趁夜逃离，直到五年之后才被抓获。

耶律贤继位

穆宗崩卒后，由世宗之子耶律贤继位，即为景宗，辽朝帝位于是又回到耶律倍这一系，而且从此延续到大辽最后的天祚帝耶律延禧为止。

耶律贤，字贤宁，小字明扆，也有文献称他的契丹名叫明记。生于世宗天禄二年（948），四岁时亲历察割之乱，亲眼看见父亲世宗、母亲、祖母被杀的惨剧。当时察割本想连耶律贤一并斩草除根，以杜后患，但御厨、尚食刘解里见他年幼，不忍心下手，就用毡毯把他包起来，藏到一堆木柴之中，耶律贤这才侥幸躲过一劫。后来穆宗继位，为笼络人心，表示自己的仁慈心肠，便把失去父母的耶律贤养在永兴宫。

耶律贤从小目睹穆宗酗酒好杀，游猎无度，以致吏治败坏，心中颇有感触，时有不满之言，所幸右皮室详稳耶律屋质适时加以制止，并劝告他不要因多言而招祸，因为穆宗曾以各种理由杀了许多宗王。正是在耶律屋质的教导下，耶律贤一直都谨言慎行，才得以在暴虐的穆宗眼前保全性命。

景宗继位后，百官上尊号为天赞皇帝，同时大赦天下，改元保宁。为巩固统治基础，景宗与拥戴有功的权臣萧思温联姻，娶萧思温的第三个女儿萧燕燕为妻。

萧思温的父亲萧忽没里是太宗之母述律太后的族弟，萧思温娶太宗

辽皇后姓氏之谜

研读《辽史》时，最令人困惑的莫过于何以辽代的皇后都姓萧？

辽代有名的皇后萧燕燕、萧观音都姓萧，似乎都是汉人的名字。尤其是萧观音这个名字还有很好的文学功底，就更像是汉人了。其实不然，这些皇后之所以都姓萧，源于耶律阿保机的规定，《辽史·后妃传》说得很清楚：

“太祖（指耶律阿保机）慕汉高帝（指刘邦），故耶律氏兼称刘氏，以乙室、拔里，比萧相国（指萧何），遂为萧氏。”

大辽皇室只与拔里、乙室、述律这三个氏族联姻，而这三个氏族都被赐姓萧氏，所以辽代皇后是萧姓，是契丹人而非汉人。

长女吕不古，又将长女胡辇嫁给太宗次子罨撒葛。所以，萧思温既是罨撒葛的岳父，又是他的姐夫；既是辽太宗的亲家，又是他的女婿。而萧思温的次女嫁给耶律李胡的儿子喜隐，如果从这个角度看，他既是太祖阿保机的亲家，又是他的孙女婿。萧思温的三女萧燕燕又嫁给阿保机的曾孙景宗，两家关系真是错综复杂。

萧思温一族与辽朝皇室耶律氏的复杂姻亲关系，使得萧燕燕从小就耳濡目染宫廷诡谲莫测的政治斗争，所以她对政治的掌握已是娴熟至极。萧思温本已将萧燕燕许配给汉人韩德让，韩德让是太宗陵寝永兴宫的“宫分人”，辽朝每个皇帝都有一个宫帐，每个宫帐都有专属的若干州、县、部族或汉人，作为皇帝的采邑和奴仆，皇帝死后，这个宫帐就作为陵寝。“宫分人”就是属于宫帐的奴仆，身份看似很低，但是却接近权力核心，所以十分重要。就在韩德让要迎娶萧燕燕的前夕，景宗为了拉拢萧思温一族，欲与萧家联姻，于是向萧家提亲。考虑再三后，萧思温取消了与韩家的婚约，而把萧燕燕许配给景宗。这一年为景宗保宁元年（969），萧燕燕十七岁，景宗二十二岁。

萧氏一族本来就显赫无比，萧燕燕被立为皇后后，更是贵不可言。萧思温因此加封为魏王，萧燕燕已故的祖父胡母里也被追封为韩王，她的伯父胡鲁古兼政事令、尼古只兼得中。萧思温过世后，又被加封为楚国王。

由于体弱多病，景宗只活到三十五岁（948—982），最终在一次狩猎时于焦山（今山西省大同市内）驾崩。

景宗驾崩时，他的儿子耶律隆绪只有十二岁，孤儿寡母，而且景宗又是在游猎途中忽然过世，因此形势相当危急。所幸，韩德让这时已官拜南院枢密使，他出面稳住了慌乱的局势。当时萧燕燕十分恐惧地说：“母寡子弱，族属雄强，边防未靖，奈何？”韩德让和南院大王耶律斜轸对萧燕燕说：“信任臣等，何虑之有！”就这样，萧燕燕母子在韩德让的部署之下渡过了难关。[①]

韩德让献计

韩德让随景宗在焦山一带狩猎，他获知景宗突然病危的消息时，并没有等候帝、后诏令，就密召亲属和可靠的亲信十多人，赶到景宗宫帐，协助皇后萧燕燕摄政，并力保耶律隆绪顺利继位，是为圣宗，同时封锁景宗驾崩的消息。

圣宗即位后，萧燕燕就成为辅政的太后，韩德让进一步奏请太后，立即更换执政大臣，将异己大臣调离政权核心，并命令各宗王回到自己的府邸，禁止他们私下聚会，然后剥夺他们的兵权。

景宗出外游猎时，还有一些宗王留守在上京，韩德让又奏请萧太后立即下旨，让这些留守宗王的妻儿前往焦山天子行宫，等于把他们调到身边做人质。将这一切都部署妥当之后，才宣布景宗驾崩的消息，并且召集大臣百官到景宗行帐前，宣读景宗“遗诏”，要王公大臣共同拥立耶律隆绪在景宗灵柩前继位，同时改元统和，并大赦天下。萧太后也顺理成章地奉“遗诏”摄政，由她总理军国大事。

萧燕燕母子得以顺利掌政，韩德让和耶律斜轸厥功至伟，因此擢升耶律斜轸、韩德让分掌北、南枢密院，二人可参决朝廷大政；同时，又命韩德让“总宿卫事”，等于让他掌管宫廷的禁军，南边事则交付耶律休哥，萧太后因此大致控制了朝廷的内外大权。

① 《辽史·后妃列传》。

在契丹、汉人心腹大臣的鼎力辅佐下，萧太后巩固了自己的地位，这些心腹大臣更以“太后预政，宜有尊号”为名，让有关官署研拟为太后上尊号的细节。

辽圣宗统和元年（983）五月，近臣商议为萧太后“上尊号册礼”。韩德让上奏东汉皇太后垂帘听政的典故，以作为太后上尊号之先例。只是东汉之所以日渐衰微，一个间接原因就是皇太后干政，造成外戚宦官的恶斗，致使朝政日衰。韩德让以此为例，并不恰当。不过，他上奏之后不久，六月辽圣宗就率大臣向萧太后献上“承天皇太后”的尊号。到了七月，承天皇太后临朝听政，从此开启了辽朝萧太后摄政的历史。

萧太后的新政

萧燕燕正式摄政之后，为表示与众不同，就改国号为契丹，号称大契丹国，直到辽道宗咸雍二年（1066），才又改回辽。由于政局已经稳定，萧燕燕便频频祭祀天地与举办契丹传统的再生礼。这一连串的祭礼活动，目的可能是在向契丹贵族宣达她有多重视契丹传统。

辽朝自太祖耶律阿保机后，皇位的传承都是在斗争和腥风血雨中完成的，因此新帝为巩固权位，将大部分精力都用在整肃异己上，而对于建设国家、改善民生，已是心有余而力不足。圣宗之前，辽朝的政绩乏善可陈，圣宗又以幼龄继位，由萧太后垂帘听政，难免要铲除异己，巩固政权。但圣宗随后就开始内政改革。

萧太后不仅精于权术，还善于治国。她下令各州县官吏不得屈从贵

再生礼

所谓再生礼，又称复诞礼，据《辽史·国语解》载："再生礼，契丹旧俗，每十二年一次，行始生来礼，名曰再生。唯有皇帝与太后、太子及夷离堇得行之。"但在统和四年（986），萧太后就行了两次再生礼。

萧太后既多次行再生礼，而她又能不受传统习俗的约束，看似矛盾，其实这正是她的聪明慧黠之处，她祭祀天地和举办再生礼，用以显示自己是契丹的女儿；而不遵从习俗的时间限制，正是用以突显她的绝对权威。萧太后过人的智慧和灵活的政治手腕可见一斑。

族大臣，必须唯朝廷之命是从，大辽前人未能完成的中央集权就这样实现了。接着，她锐意整顿吏治，诏令"举荐才行之士，纠察贪官酷吏，抚问老年，禁止民众之奢侈、僭越行为"，同时表彰州县"长吏有才能、无过失者"。为了树立威望，萧太后刻意对迎合上意的太师柘母"挞之二十"，表示在她的统治之下，只要曲意奉承，纵然贵为太师，照样严惩不贷，从此官场阿谀之风收敛不少。

萧太后还要求各级官吏"留心听渐"，减轻刑罚。对于多年难以断定的悬案，她都尽量亲自审理，可见她对民生相当重视。当然，她不可能将所有重大案件都进行一一审断，所以她敕令处理案件要做到"诸刑狱有冤，不能申雪，听人至御史台陈诉，委官覆问"，并派得力官员到各地方协助办案。萧太后能看出这一点，并且进行改革，确实有效减少了各地悬案。

据《辽史》所载，萧太后当政时期，辽朝"国无悻（愤恨不平）民，

萧太后的治政手段

萧太后政治手腕高超，铲除异己的宗王、贵族、大臣绝不手软，笼络他们更是得心应手。她召见被景宗贬抑的庶兄质睦（或作只没），加以慰勉，并封之为宁王，以示笼络，缓和皇族冲突。

此外，她也深知高压统治能起到吓阻效果，所以下达命令“所在官吏军民不得无故聚众私语及宵禁夜行，违者罪之”。凡此种种充分显示了萧燕燕政治手段之高明。

纲纪修举，吏度奉职，人重犯法”，是对萧太后执政的正面评价。

辽朝自建国以来，内外战争不断，消耗了国家的不少经济实力。萧太后当政之前，大辽人民的赋税相当沉重。萧太后听政后在这方面也进行了改革，她设法减免一些赋税，同时奖励开垦，赈济灾荒，鼓励生产。在这一系列的措施下，大辽人民得以喘息。

萧太后除了在文治方面多有成就，对国防也毫不放松。她任命战将耶律休哥在与北宋相邻的南京驻守，意在防备北宋；又命韩德让等人率兵讨伐党项。

萧太后同时令韩德让等人讨伐阻卜。阻卜位于北方，在今内蒙古南边近长城一带。又命齐王妃（萧燕燕之姐）领兵驻扎在西边的驴朐河（今克鲁伦河），以防备鞑靼（就是后来的蒙古族）。修筑可敦城，作为辽朝西北部的边防重镇。此外，还命耶律阿没里等将领东征高丽、女真，使高丽“称臣奉贡”，成为辽的属国。经过征伐之后，党项也向大辽奉表进贡，大辽封其首领为西夏王。经过这些大规模的军事部署后，大辽就要全力对付南方的北宋了。

韧性极强的党项

党项，也作党项羌，建有夏政权，史称“西夏”，据有今青海、宁夏、甘肃一带。

西夏是一个韧性很强的少数民族政权，初兴于唐朝后期，被赐姓李。辽兴宗景福二年（宋仁宗明道元年，公元1032年）正式建元立号。直至蒙古成吉思汗铁木真六度讨伐之后，才于南宋理宗宝庆三年（1227）灭亡，享祚一百九十六年，超过北宋、金和南宋。

辽宋早期之争

石敬瑭将燕云十六州割让给契丹之后，赵匡胤建立的北宋便面临界北方门户洞开的局势，赵匡胤自然无时无刻不想收复燕云十六州。但他登基之初，南方尚有十国分立，必先安内，方可攘外。等到弭平十国后，赵匡胤便一心想要夺回燕云十六州。

宋灭北汉的第二年（宋太祖开宝九年，公元976年），赵匡胤之弟赵光义继位，史称宋太宗。宋太宗太平兴国四年（979），太宗趁灭北汉之势，想一举夺下燕京，收复燕云十六州，但他没有意识到，已经苦战数月的宋军早已疲惫不堪，况且所带粮草也并不充裕，因此许多将领都不赞成此时挥军燕京，可是宋太宗却认为应该乘胜一鼓作气夺下燕京。一意孤行的宋太宗在这一年五月挥师北上，顺利到达位于今北京高梁河

旧时年画·《幽州城内南北合好》

描绘的是《杨家将演义》中的故事。北宋时，辽国萧太后与杨六郎在雁门关交战，佘太君奉旨助战，大败辽军。萧太后无奈，递表乞降，萧、杨两家骨肉团圆，宋辽两国亦归和好

附近的歧沟关。此时，辽军守将根本没料到宋军会出现，因此在毫无准备的情况下，纷纷弃守而逃。宋军于是直奔燕京，但这时的辽军已有准备，在高梁河附近击溃宋军，史称“高梁河之役”。

宋太宗对此战始终耿耿于怀，更不明白为何大宋的雄师竟败于高梁河，于是深加追究缘由。可能正如诸将领所说，虽然宋军战胜北汉，但是他们已经师老兵疲，加之粮草不足，所以才会饮恨高梁河，宋太宗败在后勤补给不足和士气不振，并不是他领导统御有误。但宋太宗仍一心一意要收复燕云，在言谈之间常以败于高梁河为恨，以未能收复燕云为耻。

此时，北宋初立，朝政上下充满着一股积极的新气象，因此宋臣屡次上奏，请求出兵收复燕云，为宋太宗的出征制造舆论。此外，北宋大臣搜集的辽国情报有误，认为大辽是由契丹族所建，但却是汉人韩德让当权，因此妄断大辽内部必然矛盾重重，将相不和，胡汉对立。这种看

杨家将

民间传说以及传统戏剧曲目中的杨家将就出现于宋辽战争时期。杨家生活在山西北方，世代从军，府邸称天波杨府。自唐代藩镇割据后，五代相继而立，社会动乱不安，而军人总是在乱世中受到更多重视。

杨家就先后归附后汉、后周、北汉，最后归顺北宋。杨家之长杨业曾经官拜节度使，当时俗称节度使为令公，所以杨业又称杨令公。杨家自杨令公之下，无论男女，个个能征善战，所以世称“杨家将”。

其实正史对杨氏一门着墨不多，但传统民间戏曲中却演绎出许多精彩故事。在宋辽战役中，杨业本人和其长子、二子、三子、七子皆殉国；四子被辽所俘，成为萧太后的女婿，因此有了脍炙人口的“四郎探母”故事；五子则心有所感，遁入空门，只剩六子杨延昭还在家中。

虽然在杨业之妻佘太君的带领下，杨家几乎都为国捐躯，但仍誓死捍卫北宋，也正因如此，他们所代表的侠义精神在民间广为流传。

法一时间充斥着北宋朝廷，为挥师北伐制造了理论基础。其中最荒谬的要数知雄州（今地不详）的贺令图和他父亲岳州（今湖南省岳阳市）刺史贺怀浦，他二人称：“契丹主年幼，国事决于其母（萧太后），其大将军韩德让宠幸用事，国人疾之，请乘其衅以取幽蓟。”这种“敌情分析”实在是荒谬至极。贺家父子仅凭揣测胡汉之间不和，便得出“国人疾之”的结论。

这偏偏迎合了北宋君臣的需求，也再度激起宋太宗挥师北伐的雄心壮志。宋太宗雍熙三年（986）正月，北宋再次北伐，兵分北、中、西三路。战事初期，宋军轻而易举地克复寰州（今山西省朔州市东）、朔州（今山西省朔州市）、应州（今山西省北部）、云州（今河北省赤城县北部）等地，战况一时间有利于北宋，但在萧太后决定御驾亲征之后，辽军便士气大盛。宋军与辽军几经缠斗，战况逆转，宋军又吃了一次败仗。萧太后的军事才华令人赞赏，正所谓巾帼岂肯让须眉。北宋虽然多次挥师北伐，意图收复燕云十六州，但始终壮志未酬。宋太宗至道三年（997），太宗驾崩，由赵恒继位，史称宋真宗，宋辽关系进入了崭新的一页。

澶渊之盟

宋真宗即位之初，萧太后认为，北宋正值政权交替之际，可能引发政局动荡，而此时大辽在萧太后的统治之下政通人和，因此正是南下伐宋的大好时机。于是，辽圣宗统和二十二年（宋真宗景德元年，公元1004年），萧太后再度统率辽军，南下伐宋。或许由于辽朝动员的军队太多，在向各地征调军队时走漏了消息，使北宋有所察觉。也可能是契丹人难改掠夺习性，当大辽朝廷动员时，一些驻守在大辽边境的部队就认为南下掠夺的机会来了，还未等攻击令下，就先行进入大宋境内大肆掠夺，北宋因此更加确定辽朝会大举南侵。

面对险峻形势，宋真宗召集群臣商议对策，许多大臣都惧怕战争，更不敢主张由宋真宗御驾亲征。甚至还有人建议迁都，只有朝臣寇准力

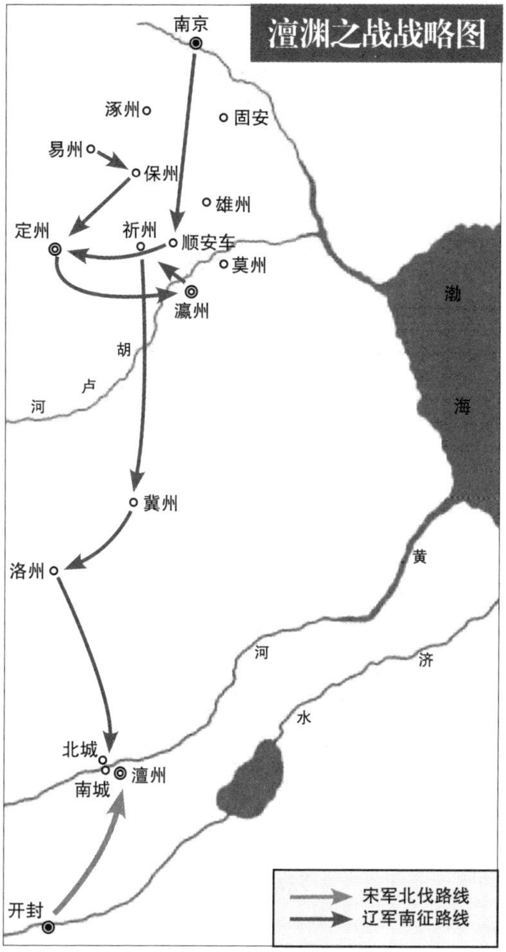

主御驾亲征。最后宋真宗接受了寇准的意见，决定亲征。

辽军这边，萧太后与辽圣宗在发兵之初并未想灭掉北宋，而只是想掠夺一些财物，如果可能，再抢占些许土地，野心并不大。辽军号称二十万大军，经保州（鸭绿江东岸，今属朝鲜）、定州，直取当时属于北宋的澶州（今河南省濮阳市濮阳县）。辽军虽然来势汹汹，但盘算的却是能战则战，不能战则和。这时辽朝的先锋大将是萧太后的姻亲、京

澶渊之盟的誓书原文

澶渊之盟，宋、辽双方都有誓书，宋真宗的誓书，许多汉文文献都可以找到，但是辽圣宗的誓书，在一般文献里往往并未收录。在叶隆礼所著的《契丹国志》中，收录了辽圣宗澶渊盟约的誓书，原文引录如下：

维统和二十二年，岁次甲辰，十二月庚长朔，十二日辛卯，大契丹皇帝谨致书于大宋皇帝阙下，共议戢兵，复论通好，兼承惠顾，特示誓书，以风土之宜，助军旅之费，每岁以绢二十万匹、银一十万两，更不差使臣专往北朝，只令三司差人搬送至雄州交割，沿边州、军，各守疆界，两地人户，不得交侵，或有盗贼逋逃，彼此无令停匿；至于垄亩稼穑，南北勿纵骚扰，所有两朝城池，并可依旧存守，淘濠完葺，一切如常，即不得创筑城隍，开掘河道。誓书之外，各无所求，务必协同，庶存悠久，自此保安黎献，谨守封陲，质于天地神祇，告于宗庙社稷，子孙共守，传之无穷，有渝此盟，不克享国，昭昭天鉴，当共殛之！某虽不才，敢遵此约，谨告于天地，誓之子孙，苟渝此盟，神明是殛，专具谘述，不宣。

统军使兰陵王萧挞凛，他不但骁勇善战，更是辽朝重臣，深受萧太后倚重。当辽军抵达澶州北城时，萧挞凛自恃勇猛，亲自出发勘查地势，却被宋军的床子弩（大型弓箭）射中额头，当夜身亡。这使得辽军士气大跌，而萧太后更是悲恸不已。战况对辽军不利，萧太后的议和愿望更为强烈，但这种情形北宋并未察觉。

宋真宗自幼生长于深宫，锦衣玉食，何尝见识过战争的残酷？一旦踏上征途，才知道战争与想象中差别甚大，于是他暗中派遣崇仪副使曹利用到辽军大营，查探有无和谈的可能。

崇仪使一职始设于宋太宗太平兴国五年（980），通常无固定职掌，只是作为武臣迁转的调节性职位，崇仪副使的职阶更低。宋真宗告诉曹利用，如果能谈和，要宋朝每年许以大辽相当数量的白银和绢帛，甚至白银百万两也在所不惜。但寇准私下警告曹利用，如果超过三十万两，就要他带着自己的人头回来。就这样，曹利用在君臣意见不一致的情况下，赴辽营谈判。

曹利用捧着宋真宗的手书来到辽军大营后，被带到萧太后与韩德让的大帐。萧太后和韩德让并排而坐，她命人在车轭上搁上木板，在木板上放置酒食，让曹利用坐在车下饮食，以这种相当简陋的方式接待“使节”。

双方对以和平解决争端的原则都没有太大出入，所争议的只是一些细节，如宋朝每年要给辽朝多少绢、银的问题。另外，辽朝要求宋朝归还关南旧地（今河北省境内），由于宋真宗事先并没有指示，曹利用当然不敢贸然答应。于是，辽朝就派左飞龙使韩杞持“国书”与曹利用一起来到澶州城，面见宋真宗，以做定夺。飞龙使本是掌御马的官员，唐武则天时始设，五代后唐时改为左飞龙使，辽代沿用。

关于宋真宗是否要接见韩杞，还有一段小插曲。本来真宗原定于十二月初一接见韩杞，可是这一天恰好赶上日食，真宗觉得不祥，意欲改期。可是负责解读天文星象的司天官员却有不同的看法，他们认为日食反而正是夷狄跟华夏和解之象。宋真宗这才放下心结，接见了韩杞。

韩杞呈上大辽国书，对于归还关南旧地的要求，北宋君臣认为万万不能应许，主张土地是国之根本，宁可多给些银子绢帛，也不愿割让一块土地。曹利用按照这个原则，再次前往辽营交涉。或许是曹利用口才绝佳，说服了萧太后和辽国君臣；也可能是辽朝大军长期在外，不免师老兵疲，求胜既无把握，不如见好就收，拿些银绢，早日议和，所以谈判较之前更为顺利。

曹利用再次回来后，宋真宗马上召见他，问他应付大辽多少岁币，曹利用不发一语，只比画了一个“三”的手势，真宗一看吓了一跳，连说：“三百万太多了啊！”但不久后又喃喃自语地说：“如果三百万可以买到和平，也好！”最后不放心再问一次曹利用，到底要付多少钱。曹利用这才说，总共是三十万岁币。因此，两国最后达成的协议是：宋朝每年给辽朝白银十万两，绢二十万匹（或作疋）；以后双方沿边州军各守疆界，不得交侵；两国沿边各城池依旧有规模修缮，不得增筑城堡，不得更改原有的河道。这便是著名的“澶渊之盟”。

盟约除了北宋每年送给大辽银绢外，其他各条款都还算公平，就连“岁赏”银绢的数量也比预估的要少得多，所以宋真宗特别厚赏了曹利用一番。澶渊之盟后，宋辽两国维持了几十年的和平，但是辽朝国势却日渐衰微。

宋朝纸币“交子”

世界上最早的纸币。“交子”始于宋太宗淳化年间，流通于四川。宋徽宗崇宁、大观年间，将“交子”作为兑换券使用

第七章

辽朝的中衰

尚武精神的丧失

澶渊之盟签订后，宋辽双方都遵守盟约，和平相处了几十年。和平促进了经济繁荣，而经济繁荣固然能提高人民的生活水平，但同样也会使人民耽于享乐，丧失斗志。契丹人原是鲜卑族的后裔，本为草原游牧民族，以马上得天下，如果没有战争，就失掉了游牧民族的勇武，如果再耽于享乐，这个民族很快就会被淘汰。

澶渊之盟缔结之后，辽宋之间维持了三十多年的和平，辽圣宗太平十一年（1031），圣宗驾崩，由子耶律宗真嗣位，史称兴宗。由于耶律宗真的名字里面有个“真”字，为了避讳，所以这时候的辽就称北方女真族为“女直”，这种避讳习惯，完全袭自汉人，可见辽朝在文化上与汉人已经相差无几。

辽兴宗重熙十一年（宋仁宗庆历二年，公元 1042 年），辽朝遣使至宋，想讨回后周时被宋所占领的关南之地。北宋为了避免再起战端，就派富弼到大辽交涉，答应每年白银增加十万两，连同之前的共为二十万两；绢增加十万匹，连同之前的共为三十万匹，以此换取两国之间的和平，辽宋之间的和平因此又延续了三十多年。前后共六七十年的安宁，使契丹民族不但丧失了尚武精神，更染上好逸恶劳、耽于游猎的恶习，辽朝从此衰微。

澶渊之盟后，大辽既得白银绢帛，皇室贵族生活渐趋安逸奢华，固然是其国势衰败的原因，但辽朝的政治结构，才是造成辽朝衰微的主要原因之一。

辽朝历代皇帝都设有宫卫。随着皇位更迭，宫卫人数渐渐增加，宫卫只服务于宫卫主，本身不事生产，又不纳粮缴税，逐渐成为国家的负担。

不只如此，辽朝北面官僚机构庞大，这些人也不事生产。当国家强盛时，这种情形还勉强可以支持，可是辽朝中叶以后，盛世不再，生之者寡，食之者众，国家财政日益窘困，因而不得不加重人民的税捐。由于人民负担骤加，百姓为了逃税，不是隐匿户口，就是依附豪门巨族做部曲，如此循环往复，政府财政更加困难。当人民被剥削得无以为生时，只好铤而走险。景宗彰愍宫的宫卫使萧韩家奴就曾向辽兴宗进言："这几年来民生凋敝，为了求生，良民变得凶暴，谋财害命的大有人在，甚至还有人逃到山里做强盗，这是对国家的一个警告。"只是当时辽朝国力尚属强大，外无强敌，又无天灾，这些乱象尚不致动摇国本。

耨斤误国

辽兴宗十五岁即位，其母萧耨斤自立为太后秉政，从此倚重外戚，无功受禄者比比皆是，辽国政事败坏的现象更为严重。

萧耨斤是辽太祖耶律阿保机述律皇后之弟阿古只的五世孙女。初入宫时，只是圣宗的一个妃子。当时圣宗的皇后是齐天皇后，小字菩萨哥，既是平州（今河北省秦皇岛市一带）节度使隗因之女，又是重臣韩德让的外甥女。齐天皇后十二岁就被选入宫中，据史传所载，她貌美而且多才，因此深得辽圣宗宠爱。齐天皇后曾有两子，可惜都夭折了。而就在这时，耨斤为辽圣宗生下两个皇子，大皇子名耶律宗真，小皇子名耶律重元。

耨斤因生子有功，母以子贵，因而被封为顺圣元妃。齐天皇后由于自己无子，就把耶律宗真当作亲生儿子一样养在身边，使得耨斤心生怨恨，时常在圣宗面前搬弄是非。只是圣宗深信齐天皇后的人品，又极为宠爱皇后，所以将耨斤的谗言当作耳边风，根本不予理会，齐天皇后才幸得保全。

太平十一年（1031）六月，圣宗病危。耨斤知道，只要圣宗一崩，她所生的儿子必定能继承大位了，那时自己就是皇太后了。耨斤想让幼子重元继位，因为长子宗真自幼被齐天皇后养育，心向齐天皇后，可是圣宗的遗诏却是命耶律宗真继位为帝，封齐天皇后为皇太后。耨斤于是藏匿遗诏，以新帝生母的身份登上皇太后的宝座，史称法天太后。

一旦掌权，法天太后便展开对齐天太后的报复，她首先指使人员诬告北府宰相萧浞卜与国舅谋反，经过“调查”后，齐天太后被牵涉在内，法天太后于是命人将齐天太后下狱。由于兴宗与养母齐天太后母子情深，便向生母求情，然而法天太后心胸狭窄，早就对齐天太后怀恨在心，更何况留下齐天太后会后患无穷，所以毫不理会兴宗的请求。

接着，法天太后又把齐天太后囚禁在上京，不久，干脆派人送去毒药。只见齐天太后从容不迫地说：“我是无辜的，天下共知，且待我整理仪容后再死吧！”于是她沐浴更衣，之后喝下毒药，慨然赴死。

辽兴宗虽然继承了皇位，但在生母法天太后的强势操控之下，形同傀儡。法天太后把持朝政，恣意妄为，一再纵容外戚胡作非为。

在法天太后眼中，兴宗不过是一个傀儡而已。有一次，兴宗把一条银带赏给了乐工孟五哥，法天太后的宠臣高庆郎得知后，就向法天太后告密。法天太后派人将孟五哥抓来狠狠打了一顿。兴宗知道后，气得派人暗中杀了高庆郎。法天太后得知是兴宗指使，大发雷霆，兴宗也被激怒说：“我贵为天子，难道也要跟犯人一样写供词吗？”

兴宗的反应彻底激怒了法天太后，于是她开始和外戚商量要废掉兴宗，改立次子耶律重元，但是重元跟兴宗兄弟情深，偷偷告诉了兴宗法天太后的计谋，这下兴宗既恐惧又愤怒。

法天太后独揽朝政，早已引起皇族的不满，外戚与皇族形成势不两立的两个集团。现在这两派更是形同水火，兴宗与永兴宫的宫卫耶律喜孙等人商量，应抓住这个皇族反扑的良机，于是在兴宗重熙二年（1033），率兵包围法天太后的寝宫，把法天太后押到庆州（今甘肃省庆阳市）软禁起来。

皇帝无能昏庸

兴宗夺回政权后，照理说应该革除弊政，但他却昏庸无道，不把心思放在治理国事上。在与弟弟耶律重元赌博时，竟然一时兴起，拿城邑人民做赌注。

兴宗因为耶律重元告密才保住了皇位，所以他对耶律重元心存感激，封他为“皇弟”，对耶律重元极为信任且恩宠有加。一次饮宴后，微醺之下的兴宗对皇弟耶律重元许诺，一旦自己“千秋万岁”之后，就把皇位传给他。酒后之言本不足信，但却在重元内心深处播下觊觎的种子，重元也更加胆大妄为、骄纵不法，兴宗对此都一一容忍。

重熙二十四年（1055），兴宗驾崩，传位于子耶律洪基，史称辽道宗。道宗继位后，立刻改封耶律重元为“皇太叔”，以示尊崇。可是耶律重元始终对兴宗的酒后许诺念念不忘，他的儿子涅鲁古时任知南枢密使事，对耶律重元的愿望了然于心，就在道宗清宁七年（1061），劝耶律重元造反。涅鲁古献计让耶律重元诈称染患重病，这样道宗必定前来“视疾”，到时候就趁机杀了道宗。耶律重元认为时机尚未成熟，因此并未依计而行。

又过了两年，道宗准备到太子山打猎，耶律重元父子认为时机已到，于是着手部署。他们的计划被敦睦宫使耶律良发现，道宗几经周折才终于平定了重元父子之乱，但大辽朝政也由此更加衰败。

原来道宗的昏庸程度比他父亲兴宗有过之而无不及，竟然以掷骰子的方式来决定官员的升降。

在平定耶律重元父子之乱时，要数北院枢密使耶律乙辛与南院枢密使耶律仁先的贡献最大。耶律乙辛野心勃勃，觊觎更高权位，可是当时太子耶律浚已经十八岁，更兼领北南枢密院事，挡住了耶律乙辛的高升之路，狠毒的耶律乙辛于是设计陷害太子及其生母宣懿皇后萧观音。

道宗听信了耶律乙辛的谗言，命萧观音自尽，又将太子耶律浚囚禁于上京。耶律乙辛为斩草除根，派人到上京杀害了太子，并向道宗谎称太子病亡。道宗心中感伤，准备接回太子妃稍作弥补。耶律乙辛怕阴谋败露，又杀死了太子妃。道宗仍未对耶律乙辛的野心有所察觉，真是昏庸至极。

由于道宗浑然不觉，耶律乙辛也就愈来愈大胆，他结党营私，肆无忌惮，甚至妄想陷害皇孙。道宗大康五年（1079），道宗准备外出狩猎，耶律乙辛奏请皇孙留守，以便寻找适当时机杀掉皇孙，不明就里的道宗竟然同意了。幸好同知检点官萧兀纳认为，耶律乙辛留下皇孙必有其用意，于是向道宗上奏，由他留守，以便保护皇孙。道宗这才有所领悟，从此对耶律乙辛开始警觉。

综观道宗乏善可陈的一生，吏治不修，盗贼群起。除上文所提到的耶律重元、耶律乙辛之乱外，咸雍三年（1067），新城（今陕西省西安市内）县人杨从谋反，立朝廷、设百官。当官员把此事上奏大辽朝廷时，道宗竟然轻描淡写地说：“小人无知，此儿戏尔。”[①] 就连造反这种大事，道宗都如此漠视。

道宗还醉心于佛教，一年供养僧饭多达三十六万两白银，这是国家财政的巨大负担。同样是鲜卑族所建立的北魏政权之所以灭亡，其中一个重要原因就是佞佛，而辽朝并未引以为鉴。

道宗在位四十七年，于寿昌七年(1101)寿终正寝。经过他的无能统治，辽朝国势愈加衰微。

辽朝四方的局势

辽朝的兴宗、道宗两朝皇帝都如此平庸无能，但七十年之间（1031—1101），辽朝却也没有遭到外敌入侵。

在同一时期，南面的北宋自澶渊之盟后早已将收复燕云十六州的豪情壮志抛到了九霄云外。加之宋太祖鉴于唐末以及五代时期地方藩镇割据进而自立的教训，所以建国之后，严禁将帅带兵，结果造成将不知兵、兵不知将，在这种特殊的制度下，北宋的军队毫无战斗力可言。

这七十年之间，北宋历经五帝，虽然仁宗、神宗都不失为爱民、认真的好皇帝，也都有心要改革，但北宋内部积弊严重，文人、武将不和，文人内部又新旧党争不断，常互相指责，如此一来，自然无力对抗北方

① 《辽史·道宗本纪》。

的辽朝。

再看辽朝北方，从今日的呼伦贝尔草原到蒙古国，当时部落林立，彼此处于混战状态，各部落既不能统一，更谈不上向外扩张，辽朝当然可以高枕无忧。至于东边的女真，还处在蒙昧阶段，一些部落因接受了契丹文化，被称为“熟女真”，另一部分则被称为“生女真”，不论生熟女真，此时的女真都根本无法威胁到辽朝。因此，大辽在南、北、东三面都没有任何威胁。

至于西面，则有党项族所建的西夏。关于党项族的起源，向来说法不一，一般而言，党项族与羌族的关系比较密切。他们原本聚居在今青海省东南部黄河河曲一带，到公元6世纪时，逐渐扩展，东至松州（今四川省松潘县北），西抵叶护（今新疆维吾尔自治区，古西突厥领地），南临春桑（今四川省雅安市内）、迷桑诸羌（今青海省果洛藏族自治州），北部则与吐谷浑相接。

党项族是由许多家族凝聚形成的部落，大的部落可以动员五千多骑，小的可以凝聚一千多骑，各自分立而不相容。在党项的众多族姓中，以拓跋氏最强，所以有人认为，党项族首领也是来自于鲜卑一族。

隋文帝开皇五年（585），党项族大首领拓跋宁丛被隋朝封为大将军。

辽代·陈国公主黄金面具

陈国公主是辽景宗的孙女、耶律隆庆亲王之女，从墓中出土的纯金面具可见她身份之尊贵。这件面具眉、眼局部捶錾，制作精细，将面庞丰圆、上额舒展的年轻女性柔润的特点表现无遗

唐太宗贞观三年（629），党项首领细封步赖率部归降唐朝，唐朝就将党项聚居地改设为轨州（今四川省松潘县西），任细封步赖为轨州刺史。许多党项部落也都闻风归附大唐。

贞观八年（634），唐朝大将李靖率大军讨伐吐谷浑时，党项部落联盟首领拓跋赤辞率部落协助吐谷浑抵抗唐军，结果兵败请降。唐朝就把党项族各部落聚居的地方设立为懿、嵯、麟、可等三十二个羁縻州。所谓“羁縻州”，是唐朝对归附的边疆少数民族，在其聚居处设立的一种特殊的地方行政组织。对于从西域（包括今中亚）来归附的各民族，则划一块地给他们居住，设立为“胡州”。拓跋赤辞被任命为西戎州都督，赐姓李，受松州都督府节制，这就是西夏政权的雏形。

之后，西藏的吐蕃王朝日渐壮大，北上开疆拓土，灭掉吐谷浑，这样就与散居在今甘肃南部、青海境内的党项族接触。党项族不堪吐蕃的威胁和压榨，请求内迁，唐朝就把原设在陇西地区（今甘肃省东南部）的静边州都督府移到庆州，同时把所辖二十五个党项州一起内迁。

唐玄宗年间，吐蕃崛起，夺取河西、陇右之地，与迁（今宁夏回族自治区灵武市）、盐（今宁夏回族自治区吴忠市盐池县北境）、庆等州的党项部落勾结，骚扰大唐边境。唐朝为保护边疆，便设法拆散吐蕃和党项的联系，把党项部落迁到银州（今陕西省米脂县）以北、绥州（今陕西省靖边县）以东地区。

此外，绥州、延州（今陕西省延安市）一带也陆续迁来许多党项部落。居住在庆州一带的党项部落被称为东山部。夏州（今陕西省靖边县北白城子）一带的党项部落被称为平夏部，由于平夏地区南界横山，唐朝人称之为南山，所以平夏部党项族又被称为南山部。

这些内迁的党项部落仍然以游牧为生。由于土地肥沃，牧草丰盛，党项部落累积了财富，人口也迅速增加，他们用牲口和内地汉人交换铠甲、弓箭，这样就有能力反抗唐朝边区官吏的勒索压榨。他们也掠夺唐朝边民，通过掠夺，力量更加强大。

拓跋赤辞任党项首领时，曾经降唐，时为唐太宗朝；同一时期，他的侄子拓跋思头也降唐。到唐中宗时，拓跋思头受封为静边州都督，改名为拓跋思太。拓跋赤辞之子拓跋守寂于唐玄宗时被封为西平公。拓跋赤辞又因出兵助唐平定“安史之乱”有功，被升为容州刺史，拓跋领天柱军使，之后又加封审州都督。拓跋赤辞之孙拓跋干晖曾任银州刺史，拓跋干晖的孙子拓跋思恭曾经参与平定唐末的“黄巢之乱”，升任夏州定难军节度使，统领夏、绥、银、宥（今陕西省靖边县东）四州之地，拓跋思恭被赐姓李，晋爵夏国公，奠定了建立西夏政权的基础。

唐昭宗乾宁二年（895），李思恭死，其弟李思谏嗣立；李思谏死后，李思恭之孙李彝昌继位。到了后梁太祖开平四年（910），李彝昌被部将高宗益所杀，其族父李仁福为定难军节度使，向后梁称臣，之后又附于后唐。

当西夏逐渐强大时，契丹族已经开始建立辽朝，势力锐不可当，西夏当然不会与之对抗。况且西夏东南与宋相邻，辽、宋这两个新建立的国家盘踞在西夏的东北和东南，西夏绝对没有能力两面作战。

因此，辽朝并不需要大动干戈讨伐西夏，只需要凭借辽朝的威望，就可以让西夏臣服于辽。

这七十年间，南方的北宋既无斗志也无战力，威胁不了辽朝；西南方的西夏，虽然贪图土地，但慑于大辽的余威，不敢对辽有企图。这两个政权都撼动不了大辽，更别说弱势的女真以及纷乱的蒙古了。所以，大辽虽然已经政治腐朽，但周边无强敌，仍能延续国祚。

海东青

历代辽帝都喜欢狩猎，但茫茫草原要寻觅猎物，谈何容易。游牧民族经过几千年的摸索，训练出一种鹰，让鹰在空中搜索猎物，一旦发现猎物，鹰就会在猎物上空盘旋，这时狩猎者就可以进行围猎了，只是辽朝境内并没有这种鹰，只有生女真境内东临大海处有，这种鹰故名为“海

契丹人狩猎图

这幅辽时的绘画作品，绘者不详，画中所表现出来的氛围，说明了契丹人重视狩猎的传统

东青”。

既然辽朝皇帝都喜欢狩猎，所谓上有好者，下必甚焉，何况辽朝绝大部分都是契丹人，因此打猎就成为契丹贵族最大的嗜好。打猎的人口增加后，对海东青的需求量也随之增加。而生女真并未臣服于辽朝，辽朝于是命熟女真前去捕捉海东青，这就引发了生、熟女真之间的战争。

辽要求熟女真以性命相搏捕捉海东青，以供辽朝皇室贵族狩猎之用，这在熟女真当中引发了极大的愤慨。辽朝每年派往熟女真索取海东青的官员“障鹰使”更是狐假虎威，任意欺凌熟女真部落，在契丹与女真之间埋下了仇恨的种子。两族之间的战争一触即发。

辽朝的贵族男子嗜好狩猎，贵族女子却早已脱离游牧民族的简朴习性，她们穿金戴银，婀娜多姿，服饰也竞相奢靡，尤其喜欢佩戴一种颗粒很大的珍珠。这种珍珠叫作“东珠”，也产于生女真境内，同样是熟女真被迫以生命与生女真相搏而取得的，这使得女真族对辽朝的愤恨加深，女真族的反抗在所难免。

第八章

萧观音之死

萧观音

辽道宗耶律洪基的皇后萧观音是萧耨斤的弟弟枢密使萧惠的女儿。据《辽史》所载，萧观音“姿容冠绝，工诗，善谈论，自制歌词，尤善琵琶”。

当耶律洪基还是燕绰王时，就娶萧观音为妃，萧观音貌美多才，深得耶律洪基宠幸，史传称“有专房宠”。道宗登基后，就立萧观音为后。一次，辽道宗以《君臣同心，华夷同风》为题，向皇太后献诗，才思敏捷的萧观音也立即献上一首：

虞廷开盛轨，王会合奇琛。
到处承天意，皆同捧日心。
文章通蠡谷，声教薄鸡林。
大寓看交泰，应知无古今。

鸡林，是指古新罗国，位于今朝鲜半岛。唐高宗龙朔三年（663）时，将新罗设为鸡林州。唐代大诗人刘禹锡在其《刘梦得诗集》中有一首《送源中丞充新罗册立使》，就曾提到“鸡林”：

相门才子称华簪，持节东行奉德音。
身带霜威辞凤阙，口传天语到鸡林。

烟开鳌背千寻碧，日浴鲸波万顷金。
想见扶桑受恩处，一时西拜尽倾心。

萧观音能用到“鸡林”这个相当冷僻的“典故”，足以证明她对汉文化的了解，也说明她熟读经史，才识渊博。

不仅如此，萧观音的才情已经超越了闺阁范畴。一次，道宗到秋山（今内蒙古自治区境内）狩猎，萧观音与众嫔妃随行。到伏虎林时，道宗要后妃即景赋诗，只见嫔妃们个个面有难色，唯有萧观音毫不犹豫地写下一首七言绝句：

威风万里压南邦，东去能翻鸭绿江。
灵怪大千俱破胆，那叫猛虎不投降。

这首诗格律工整，对仗合适，在字词之间，不落痕迹地彰显了皇帝的“丰功伟业”。道宗读后当然大为赞赏，立刻交给随行的大臣传阅，并说：“皇后可以算是女中才子了。”

然而树大招风，萧观音出众的才貌已经使她不知不觉在后宫嫔妃间树下了一些敌人。

辽道宗平庸无能，除喜好打猎外，对国事几乎不闻不问，遇到朝中有重要职位空缺时，竟然是以掷骰子的方式来决定选用何人。据《辽史》记载：“帝（即道宗）晚年倦勤，用人不能自择，令各掷骰子，以采胜者官之。（耶律）俨尝得胜采，上曰：‘上相之征也！’迁知枢密院。”

连任用相当于宰相的枢密院官员道宗都用如此儿戏的方式，辽的覆亡已是为期不远了。辽朝皇室贵族都喜爱狩猎，道宗尤其热衷于此，他还喜欢独自一人进入深山邃谷，追寻猎物。身为一国之君，身系国家安危，

刻花玻璃瓶

此瓶饰出土于辽陈国公主墓，据考证是辽圣宗开泰七年（1018）的作品

实在不适宜轻身涉险。

萧观音熟读经史，据《旧唐书》所载，徐惠进谏太宗的典故令她深受感动。于是她效法徐惠，写了一篇文情并茂的《谏猎疏》给辽道宗，认为皇帝孤身涉险，无论对个人或国家的安危都有莫大的影响，劝谏道宗以江山社稷为重。

但聪慧过人的萧观音却忽略了一件重要的事实，那就是她的皇帝丈夫不是贤能的唐太宗。果不其然，道宗读了《谏猎疏》之后，只是认为萧观音多管闲事，扫了他的游兴，从此厌恶、疏远了萧观音。

为了挽回道宗的宠爱，萧观音写下《回心院》十首，并且谱上曲子，传到皇帝耳中，希望道宗能回心转意。这十首词以扫殿、拂床、换枕、铺被、装帐、叠茵、展席、剔灯、熏香、张筝等生活日常起居为内容，辞优意美，表达了深闺妇女衷心期盼心上人回心转意的心情。

萧观音从日常生活的细节追忆往昔深受道宗恩宠时两人的亲昵甜蜜，

徐惠谏太宗

据《旧唐书》所载，徐惠是唐太宗的才人，极其聪慧，太宗因其才名而召她入宫，封为才人。

徐惠入宫后，深得唐太宗的喜爱。当太宗想整修宫殿时，徐惠认为，原来的宫殿已经够宽敞华丽了，实在不宜大肆翻修或扩建，以免劳民伤财，于是上疏直谏。太宗睿智英明，认为徐才人所谏有理，于是停止了整修宫殿的计划，并且对徐才人嘉勉了一番，并在徐才人过世后，追谥她为“贤妃”。

对比出如今孤身一人，更是哀怨凄凉。但尽管如此，这些凄艳、哀怨、殷切的词曲最终也没有唤回辽道宗的爱意。

无法挽回丈夫的垂怜，萧观音失望之余，寄情于丝竹乐音之中。为把《回心院》谱成乐曲，萧观音找到精于音律，善于操琴，又有文学素养的伶官赵惟一，希望他能够理解词的内在含意，将《回心院》谱成琵琶曲。

《回心院》谱好乐谱之后，原本该由赵惟一弹奏，可是一个叫单登的宫婢也想演奏，于是萧观音以比赛的方式来决定演奏者。演奏中，赵惟一轻重缓急处理得恰到好处，感情拿捏准确，拔得头筹，单登却不服，心生怨怒。此事被朝中大臣耶律乙辛得知，便借题发挥，掀起了一场翻天覆地的风暴。

《回心院》

扫深殿，闭久金铺暗。
游丝络网尘作堆，积岁青苔厚阶面。

扫深殿，待君宴。

拂象床，凭梦借高唐。
敲坏半边知妾卧，恰当天处少辉光。
拂象床，待君王。

换香枕，一半无云锦。
为是秋来辗转多，更有双双泪痕渗。
换香枕，待君寝。

铺翠被，羞煞鸳鸯对。
犹忆当时叫合欢，而今独覆相思愧。
铺翠被，待君睡。

装绣帐，金钩未敢上。
解却四角夜光珠，不敢照见愁模样。
装绣帐，待君贶。

叠锦茵，重重空自陈。
只愿身当白玉体，不愿伊当薄命人。
叠锦茵，待君临。

展瑶席，花笑三寒碧。
笑妾新铺玉一床，从来妇欢不终夕。

展瑶席，待君息。

剔银灯，须知一样明。
偏是君来生彩晕，对妾故作青荧荧。
剔银灯，待君行。

爇熏炉，能将孤闷苏。
若道妾身多秽贱，自沾御香香彻肤。
爇熏炉，待君娱。

张鸣筝，恰恰语娇莺。
一从弹作房中曲，常和窗前风雨声。
张鸣筝，待君听。

皇族与后族之争

辽朝自建国以来，皇亲国戚对权位的争夺就从来没有停止过。自耶律阿保机之后，皇族耶律氏与后族萧氏始终处于关系紧张状态。萧观音的父亲萧惠极具声望与权力，而萧观音的儿子耶律濬身为太子，已经年岁渐长，在辽道宗大康元年（1075）开始参与朝政。萧惠于情于理都应该全力协助耶律濬，可是这样一来，皇族跟后族的紧张关系如同火上加油，一触即发。皇族深知萧惠的权力基础来自皇后萧观音，如果能扳倒萧观音，就很容易除掉萧惠，因此皇族早已处心积虑地暗中窥视着萧观音的一举一动。

耶律乙辛是契丹族五院部人，他的父亲耶律迭剌由于贫穷而被人称为“穷迭剌”。

耶律乙辛自幼慧黠。据说他小时候有一天去放羊，直到太阳西斜，他疲倦地睡着了。父亲来找他，把他叫醒，耶律乙辛勃然大怒地说：“怎么吵醒我了，我刚梦到有人拿着太阳和月亮给我吃，我已经把月亮吃下去了，而太阳才吃一半，就被你吵醒了，没把太阳给吃完。”加上他刚出生时母亲找的算命师说他有贵相，因此从这之后，他的父亲就不让他再放羊了。

耶律乙辛风度翩翩，仪态俊秀。辽兴宗重熙年间，耶律乙辛任文班史，

辽代·白瓷观音

脸型已从晚唐的肥丰逐渐转向清俊娟秀，慈祥的神态中蕴含威严，袒胸挂饰玲珑简丽，天衣优雅端庄，给人以轻盈潇洒的感受。山西浑源古磁窑出土

因而有机会进入宫中。当时的皇后萧挞里觉得他温文儒雅，就任他为笔砚史，兴宗也觉得他人品不错，再擢升他为护卫太保。

道宗时，更赐给耶律乙辛汉人四十户，任命他为同知点检司事，还经常和他讨论难以解决的朝政问题，后来又擢升他为北院同知。道宗清宁五年（1059），耶律乙辛当上南院枢密使，相当于中原王朝官职中的吏部尚书，掌管所有契丹人民。不久，耶律乙辛又被升为同知北院，册封为赵王。

然而，耶律乙辛的野心不止于此，他极尽阿谀奉承之能事，道宗不久又改封他为魏王，赐以“匡时诩圣竭忠平乱功臣”名号。道宗咸雍五年（1069），道宗封他为太师衔，诏“四方有军旅，许以便宜从事”，等于给了他任意调动军队的权力。从此，耶律乙辛营私结党，投靠到他门下的人络绎不绝，然而他还不满足，居然想谋取皇位。

当萧观音上疏进谏道宗时，耶律乙辛便趁机在道宗面前进谗言，使道宗怒从心生，从此冷落了萧观音。宫婢单登在弹奏《回心院》竞争失败后，迁怒于皇后萧观音，于是诬陷皇后与赵惟一私通。耶律乙辛认为这是一个大好机会，于是精心部署，先找人写了含意暧昧的《十香词》，再交给单登，再由单登向萧观音求墨宝，请求她照抄一遍，萧观音宅心仁厚，就答应了。天真的萧观音哪里会想到，眼前是一个天大的陷阱。萧观音誊写完《十香词》后，一时兴起，在纸尾作了一首《怀古诗》：

宫中只数赵家妆，败雨残云误汉王。
惟有知情一片月，曾窥飞燕入昭阳。

这原本只是一首咏叹赵飞燕的诗，并无其他含意，然而耶律乙辛在看了她的《怀古诗》后，更是喜出望外，认定必可借此置萧观音于死地。

耶律乙辛指使单登和他的妹婿朱顶鹤，分别向皇帝道宗诬告皇后空闺难守，私通伶官赵惟一；除此之外，又联合同党参知政事张孝杰一同发难。道宗看过《十香词》和《怀古诗》后，认为萧观音思春尚有可能，私通则未必发生，而《怀古诗》不过是讽古诗而已，所以并没有生气。但张孝杰立刻添油加醋地说这首《怀古诗》正是皇后思念赵惟一的铁证，因为诗中“宫中只数赵家妆”，和“惟有知情一片月”这两句，不就包含了“赵惟一”三个字吗？

萧观音百口莫辩，更何况她根本见不到皇帝，更是有口难言，有冤难申了。

大康元年（1075），道宗赐萧观音自尽。

临死之前，萧观音写下仿离骚体的《绝命词》。虽然只有短短的二十四句，但全文基调凄凉、无奈，抒发了萧观音的无尽冤屈。这样一

《绝命词》

嗟薄祐兮多幸，羌作俪兮皇家。
承昊穹兮下覆，近日月兮分华。
托后钧兮凝位，忽前星兮启耀。
虽衅累兮黄床，庶无罪兮宗庙。
欲贯鱼兮上进，乘阳德兮天飞。
岂祸生兮无朕，蒙秽恶兮宫闱。
将剖心兮自陈，冀回照兮白日。
宁庶女兮多惭，遏飞霜兮下击。
顾子女兮哀顿，对左右兮摧伤。
共西曜兮将堕，忽吾去兮椒房。
呼天地兮惨悴，恨今古兮安极。
知我生兮必死，又焉爱兮旦夕。

位旷世的才女，竟然成为耶律乙辛和萧惠权力斗争的牺牲品，实在令人惋惜。

萧观音过世后，耶律乙辛的野心更是急剧膨胀，他训练兵士，私藏武器，意图造反。事情败露后，耶律乙辛又想投奔北宋，最终被大辽朝廷处以绞刑。不久，道宗驾崩，由于太子耶律浚这时也已过世了，所以由皇太孙耶律延禧嗣位，史称天祚帝。

此时，有一位名叫王鼎的进士觉得萧观音一案是冤屈的，于是写了《焚椒录》一书，细说耶律乙辛谋害萧观音的始末，并作《懿德皇后论》，详细剖析案件的来龙去脉。天祚帝闻听后，便下令挖开耶律乙辛的坟墓，剁碎他的骸骨，为祖母萧观音昭雪，并追谥她为宣懿皇后，与道宗合葬庆陵。这时距萧观音含冤自尽已经二十多年了。

第九章

大辽的终结

女真族的兴起

天祚帝耶律延禧是辽朝末帝，字延宁，小字阿黑。他继位后立即把被耶律乙辛所诬陷丢官的官员全数官复原职，被耶律乙辛流放的也立刻让他们回乡。耶律延禧继位后改元乾统，此时正好是宋徽宗建中靖国元年（1101）。

天祚帝继位后三个月，就将曾诬陷萧观音的张孝杰一家降为奴仆，分赠群臣，同时召来佛教高僧法师在宫廷内大做法事。

天祚帝虽无治国的能力，但十分擅长游乐打猎，所以他即位后，增加了对海东青的需求。数代以来，辽朝皇室贵族一再向熟女真索取海东青和东珠，早已引起女真族的愤恨。

女真族的历史源远流长，大致说来，是在中国境内大兴安岭地区的一支民族。匈奴兴盛以前，史料称这支民族为东胡，匈奴冒顿单于击破东胡后，东胡分裂为鲜卑和乌桓两支民族。五胡十六国时期，鲜卑慕容部建立诸燕王朝，拓跋部建立代与（北）魏，乞伏氏建西秦，秃发部建南凉；没有进入中原而仍然留在大兴安岭地区的鲜卑人，就是后来的室韦与契丹。另一分支聚居在大兴安岭偏东、偏南地区，在战国时代称之为肃慎，辽时称之为“虑真”，即女真。除此之外，女真还有许多不同的称谓，如靺鞨、朱理贞、主儿扯、诸申等，后来为避辽兴宗耶律宗真的名讳，一度又改称为女直。

女真民族的分布地区相当广阔，约略而言，可以分为以下诸部：

女真分布表

名称	分布地	备注
曷苏馆女真	今辽宁省辽阳市、鞍山市一带。	据《金史·胡十门传》记载，这部女真又可以分为七小部。
南女真	今辽宁省丹东市宽甸满族自治县一带。	
北女真	今辽宁省开原市一带。	
乙典女真	“乙典”又作“阿典”，活动地区大约在今辽宁省开原市一带。	与北女真毗邻而居。
奥衍女真	据《辽史》记载，辽朝命这部女真镇守镇州。	其他大约在今蒙古国首都乌兰巴托的西北。
鸭绿江女真	今鸭绿江流域。	
黄龙府女真	今吉林省长春市农安县一带。	辽朝设置“黄龙府女真部大王府”以进行治理。
顺化国女真	今吉林省通化市柳河县及辉南县一带。	
长白山女真	散布在今长白山地区，所以称之为长白山女真。	从既有文献看，这部女真应该是最早和中原汉人王朝有来往的女真部族。

女真分为数部，都隶属于辽朝。有相当程度的契丹化或汉化的，称为“熟女真”；与之相反的，则是“生女真”。生女真大多分布在松花江北岸、黑龙江中下游，部落酋长姓完颜，始祖函普。生女真就是在函普的领导之下才逐渐强大的，之后甚至吞并了长白山女真各部，但仍受辽朝的控制。

契丹族建立辽朝后，统辖熟女真各部，熟女真备受歧视。生女真虽然不辖属于辽，但是由于辽帝国声威强大，故此不得不对辽朝进贡。自完颜函普之后，生女真历经乌鲁、跋海、绥可（后进谥为献祖）、石鲁（昭

女真骑马武士砖雕

祖），而至乌古乃开始强大。乌古乃选择与辽合作，因此颇得大辽好感，辽就以乌古乃为生女真部节度使，从此生女真开始有了纲纪。辽朝人称节度使为太师，金朝人称都太师也从这时开始。

乌古乃过世后，先后由他的几个儿子和哩布（后进谥为景祖）、颇拉淑（或作颇剌束、蒲拉舒，后追谥为肃宗）、英格（或作盈哥，后追谥为穆宗）继任。在这段时间，生女真部对辽朝始终保持臣服。颇拉淑时曾擒获辽朝叛徒玛察且献馘（左耳）于辽，大获辽朝赏识，封颇拉淑为详衮。据《辽史·国语解》记载，详衮的意思是“诸官府监治长官”，不过这里的详衮指的是将军。

英格在位时，辽人萧哈里者叛辽，逃入女真阿克占部，并派族人额特埒来与英格结盟。英格深知此时还没有足够力量与辽朝正面冲突，就把额特埒抓起来送回辽朝。英格过世后，由他哥哥的儿子乌雅淑嗣立（后被追谥为康宗），生女真力量又强大了不少，并与位于今朝鲜半岛的高丽时有往来。乌雅淑在位十一年后卒，由弟弟阿骨打继位，女真人从此开始登上了历史舞台。

阿骨打反辽

辽朝有一个习俗，那就是每年春天河水化冰解冻时，皇帝都会在松花江钓鱼，并规定凡在千里内的生女真各部酋长都要前来与会，钓到鱼后会举行“鱼头宴”犒赏各部酋长。在饮宴时，各部酋长都要唱歌跳舞以为庆贺。

辽朝历代皇帝都举行“鱼头宴”，天庆二年（1112），辽天祚帝一如既往到松花江举行鱼头宴，女真各部酋长也照例前来，完颜阿骨打自然也不例外。酒足饭饱后，各部酋长照例唱歌跳舞，轮到阿骨打时，天祚帝连叫三次要阿骨打唱歌，阿骨打都端坐不动。天祚帝对枢密使萧奉先说：“我看阿骨打英气不凡，气势超乎常人，应该找个借口把他杀了，留下这人将会后患无穷。”萧奉先却说：“阿骨打真心诚意臣服本朝，如果杀了他，恐怕各部生女真会有不服。纵使阿骨打有异志，蕞尔小国，何足为惧？”阿骨打因此侥幸逃过一劫。

完颜阿骨打有几个弟弟会学鹿的叫声。天祚帝打猎时，总会带这几人同行，引鹿出来供自己射猎。打到猎物的天祚帝高兴不已，为这几个人都加官晋爵，后来更让他们到围场当差。这样，完颜阿骨打就很容易刺探到辽朝的虚实。而阿骨打自鱼头宴脱身后，察觉到辽帝对自己起了疑心，再加上女真族几代所受的屈辱，如今既然探得辽朝已经国势衰微，而女真已经有了实力，只需再集聚一些力量，应该可以跟辽朝决一雌雄。

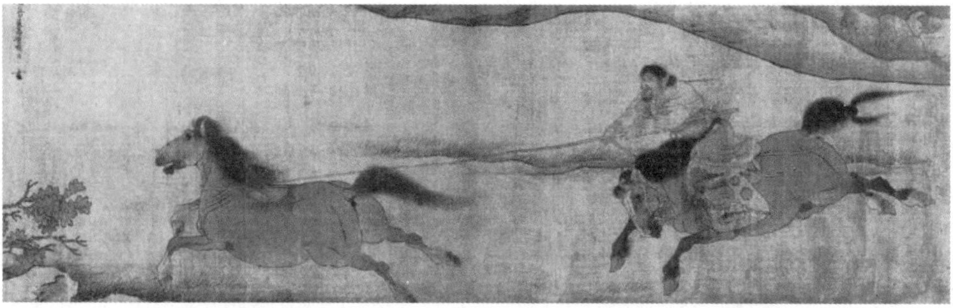

《二马图》

绢本，设色，2.52cm×81cm，金代画家杨微绘，辽宁博物馆藏。画中描绘了女真族牧民骑着马套马的场景

于是阿骨打更加励精图治，各部女真凝聚在他的旗帜下，以图抗辽大业。

辽朝自兴宗以来已经逐渐衰败。天祚帝如果能发愤图强，内修政治、知人善任、少兴游猎，辽朝或许还有机会重新兴盛，因为此时的北宋君主是“艺术家皇帝”徽宗，照理说是不会对辽造成任何威胁的。可惜天祚帝不是这样一个君主。

天祚帝宠信外戚，皇后萧氏（小字夺里懒）的兄弟萧奉先、萧保先都因她而飞黄腾达。萧奉先当上了枢密使，被封为兰陵王。此人心胸狭窄，眼高手低，却深得天祚帝宠信。

天祚帝另有一个名叫萧瑟瑟的妃子，是渤海国人，天祚帝封她为文妃。文妃育有一子，名为敖卢斡，心地善良而且武艺高强，在众皇子中显得鹤立鸡群，后来被封为晋王。

萧奉先为了让皇后之子能继承皇位，便阴谋除掉众人赏识的晋王敖卢斡。他先是诬告文妃萧瑟瑟勾结姐夫耶律挞曷和妹夫耶律余睹，要拥立晋王为帝。昏庸的天祚帝居然轻信了萧奉先的指控，立刻杀了耶律挞曷夫妇，逼文妃自尽。耶律余睹当时领兵在外，躲过了一劫。当耶律余

贤妃萧瑟瑟

萧瑟瑟相当贤惠，她目睹天祚帝终日不务正业，亲小人、远贤臣，便写了一首歌谣《讽谏歌》，希望能唤醒沉湎享乐中的天祚帝，以激起天祚帝的斗志：

勿嗟塞上兮暗红尘，勿伤多难兮畏夷人；
不如塞奸邪之路兮，选取贤臣。
直须卧薪尝胆兮，激壮志之捐身；
可以朝清漠北兮，夕枕燕云。

此外她又写了一首歌谣《咏史》来讽刺辽朝政的腐败和黑暗：

丞相来朝兮剑佩鸣，千官侧目兮寂无声。
养成外患兮嗟何及，祸尽忠臣兮罚不明。
亲戚并居兮藩屏位，私门潜畜兮爪牙兵。
可怜往代兮秦天子，犹向宫中兮望太平。

天祚帝听到萧瑟瑟借歌讽刺，不但没有丝毫的自省之心，反而因此疏远了她。

睹得到消息后，惊怒不已，于是投靠了完颜阿骨打，为女真做先锋带兵杀回辽都。眼看金兵来袭，天祚帝惊慌失措，萧奉先对天祚帝说：“耶律余睹原是大辽宗室，是不会灭辽的，他带兵攻向辽都，只是要拥立晋王敖卢斡为帝而已，只要杀了晋王，他没了指望，自然就会撤兵了。”糊涂的天祚帝居然不顾父子亲情，下令晋王自缢。这时有人劝晋王出逃，天性忠厚的敖卢斡无奈地说：“我岂能为了蕞尔之躯，而违背既是君王又是父亲的旨意苟且偷生，失去臣子气节。”说完就自尽了。

天祚帝被金兵赶到深山后，才开始觉悟，他对萧奉先说：“正是你们父子害得我国破家亡，现在就算杀了你一家，也于事无补，你们一家快离我远远的，免得军队看到你们哗变，祸及于我。”

萧奉先父子大哭一场，离开天祚帝，没走多远，就被手下的卫兵给抓住并押解到女真兵营。女真先杀了萧奉先的长子，准备将萧奉先和次子押到后方。半途中遇到辽军，萧奉先又被夺了回来，送到天祚帝跟前。天祚帝唯恐把萧奉先留在身边，会激起兵变，所以命萧奉先父子自尽。

当耶律余睹得知晋王被迫自尽之后，更加怒不可遏，带领女真军队加紧进攻，直逼皇帝的行宫，天祚帝只得逃入深山。辽朝二百多年的国祚，眼看就要覆灭了。

辽代·白釉关公

山西大同出土，民间收藏

完颜氏建国

女真想要脱离辽朝，自行建立国家，自从完颜阿骨打成为生女真的酋长后，力量逐渐强大，又探听到辽朝已经虚有其表，所以决定起兵抗辽。

辽天祚帝天庆四年（1114），阿骨打发兵攻辽，先是命博勒和（或作婆卢火）等将领征调各部女真士兵，再通知各部捉拿辽朝捕捉海东青的障鹰使官。同年九月，女真进军宁江州（今吉林省扶余市东南），在拉林水大会各路女真军，共得二千五百人，在誓师集会上，细数辽人之罪。发兵之后，女真军大获全胜，阿骨打亲自射杀了辽将耶律色实，辽军大溃，自相践踏而死的居然多达十之七八。

当时女真国相萨哈派他的儿子宗翰前来致贺，劝阿骨打称帝，阿骨打很谦虚地说："才战胜一场就要称帝，岂不显得浅薄？"此后女真与辽军接连作战，每战皆捷。阿骨打深知，击毁辽军并不等于女真建国成功，因为这时的女真仍然是部落组织，以松散的组织建立国家是不够的，必须彻底强化联系，才可能建立国家，于是他开始协调女真内部的关系。

完颜阿骨打把女真原有的部落组织拆散，将每三百户编为一个谋克，每十个谋克编为一个猛安，以这种方式组织女真人。这种军政一体化的机构不但强化了女真的作战能力，更成为五百年后女真族爱新觉罗·努尔哈赤创设八旗制度的灵感之源。

辽天庆四年（1114），奚部、铁骊部王和勒博以所部归附阿骨打，此时女真内部已重新编组完成，战斗力大增，而各部又来投靠，声势也

金国号之谜

许多史传认为完颜阿骨打建国号为金，是因为“辽”的本意是镔铁，镔铁固然坚硬，可是终究会锈蚀，而黄金则永不锈蚀，故阿骨打以此为意，建立金以抗辽。但“辽”是否真有镔铁之意仍待商榷，所以阿骨打建国号为金的理由应该还有其他解释。

另有一说，女真族的发源地在按出虎水（松花江支流）。按出虎或作阿禄祖，是突厥回纥语“阿尔泰”的音译，而“阿尔泰”的意思就是黄金，因为该地产金。所以阿骨打才定国号为金。

大增。弟弟吴乞买、国相萨哈以及希卜苏等人都力劝阿骨打称帝建号。起初阿骨打并没有应允，后来阿里华、普嘉等人再次劝谏：如果不建号称帝，将无法号召天下共同反辽。阿骨打经过考虑，决定在次年即辽天庆五年（1115）称帝，是为太祖，并定国号为金，建元收国，就此诞生了一个新政权。

金太祖阿骨打建立金政权后，于收国二年（辽天庆六年，公元1116年）攻下沈州（今辽宁省沈阳市），攻破辽东京，辽将高永昌投降，于是，辽东京各州、县尽入金的版图。从此，金国一路进攻，接连攻下保州、春州（今内蒙古自治区突泉县）、泰州（今吉林省内，一说今黑龙江省内），势如破竹，每战皆捷。

册封文再掀风波

到了金太祖天辅二年（辽天庆八年，公元1118年），降将高永昌建议：自古以来的开国英雄都要求得大国的册封，现在应该向辽国提出以下十项要求：

一、要辽朝册封阿骨打为大圣大明皇帝。

二、承认金的国号。

三、颁发皇帝专用的车驾。

四、颁发皇帝专用的衮冕。

五、颁发玉质皇帝之印玺。

六、与金以兄弟相称。

七、金国皇帝生辰及元旦要派使者前来致贺。

八、每年要送给金国银、绢各二十五万两（匹），平分北宋每年所给的银绢。

九、割辽东、长春两路给金。

十、送还女真族三王阿骨产赵。

这十项建议金太祖都认可了，于是派使者送到辽朝。昏庸无能的天祚帝对金国的大军压境正感手足无措，现在金国派使者送来十项要求，无异于久旱中的甘霖，加以大臣萧奉先也主张接受，因此大喜过望的天祚帝立即派静江军节度使萧习烈、翰林学士杨勉为册封使，以副归州观察使张孝伟、太常少卿王府为通问使，又派副卫尉少卿刘湜为管押礼物官，

册立金国皇帝的册封文

> 眷惟肃慎之区，实介扶余之俗；土滨上国，材布中嵚，雅有山川之名，承其父祖之荫；碧云袤野，固须挺于渠材，皓雪飞霜，畴不雄于绝驾；封章屡报，诚意交孚，载念遥芬，宜膺多戬；是用遣萧习烈等持节备礼，册为东怀国至圣至明皇帝，义敦友睦，地列丰腴，呜呼！戒哉钦哉，式孚于休。

令将作少监杨立忠为读册使，组成阵容庞大的“使团”，浩浩荡荡地前往金国，奉上册封文献。

辽为金国准备的册封文四六对骈，相当工整。可是当使团到金国宣读册封文之后，问题就出现了。

女真人虽然不谙汉文，不懂中原礼节，可是金太祖手下却有不少饱学之士，如原是辽国大臣后来降金的杨朴。杨朴认为，册封文中所用的词汇如“遥芬”“多戬”都不是赞美之意，而“渠材”更有轻蔑的意味，最重要的是，整个册封文中，都没有提到辽尊金为兄之事，而且这篇册封文还称金为东怀国 ，意思就是东方小邦怀辽朝的威德而来。

此外，辽随附而来的武器车辂也都是诸侯的规格，因此金国要求萧习烈回辽更换册封文和车辂。萧习烈虽有所辩解，但都被杨朴驳回，金太祖甚至大怒，想腰斩副使，经大臣粘罕等人劝阻，才改为鞭笞一百，并把使团扣留在金国。来年，即金天辅三年（辽天庆九年，公元 1119 年）三月，金让萧习烈、杨立忠二人回辽，继续扣押其他人员，并且警告萧、杨二人，在秋天前务必送来更换的册封文，并且要称“大金国皇帝兄”，否则就要发兵夺取辽上京。消息传回辽后，天祚帝却因个性消极而选择不理会所有和金相关的事情，大臣萧奉先也顺势不予禀报。不久后，金

天祚帝的死因

关于天祚帝之死，《窃愤录》有别的说法，认为天祚帝是死于金海陵王正隆六年（1161）。当时海陵王大阅兵马，以天祚帝为箭靶，天祚帝被一箭穿心而死。只是如果这种说法是真的，天祚帝这时已经是八十七岁的老人，朝不保夕，金国要处死他的话，何必再把他当作箭靶呢？因此这个说法有待考证。

太祖就发兵攻打上京，辽天祚帝吓得派人向金国求和，结果被金太祖拒绝。

辽天庆十年（金天辅四年，公元1120年），金太祖攻下辽上京。次年，辽将统伊都等人到咸州（今辽宁省开原市一带）请降。金天辅五年（辽天祚帝保大元年，公元1121年）三月，天祚帝逃到鸳鸯泺（今河北省张家口市赤城县西），奔向西京。金兵追到西京，天祚帝又逃向伊苏部（今地不详）。金天辅六年（辽保大二年，公元1122年），金夺取辽中京。辽军节节败退，天祚帝一路逃亡。

金联宋攻辽

辽金作战的局势，被南方的北宋看在眼里，北宋岂肯错过如此良机？辽天祚帝天庆十年（宋徽宗宣和二年，金天辅四年，公元1120年），宋徽宗派中奉大夫赵良嗣出使金国，宋金合兵攻辽，约定事成之后，以燕

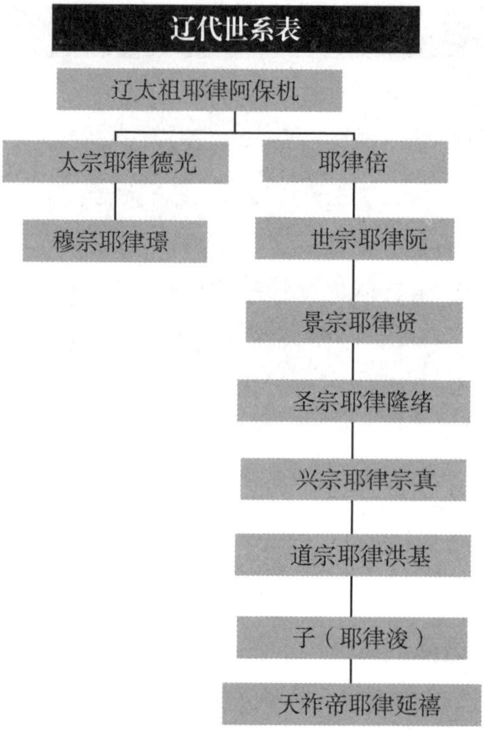

云十六州及辽新置的景州（今河北省东光县）等十七州归宋，辽国其余领土归金。辽朝本已不堪一击，更难以抵挡宋金联军的南北夹击，这项合议对天祚帝而言无异于雪上加霜，也彻底打消了天祚帝想南逃投奔北宋的可能。

辽与西夏曾结有和亲之约，于是天祚帝决定投奔西夏。这时是辽保大五年（1125），金国已由完颜晟即位，是为金太宗。金太宗得知天祚帝逃到西夏后，便命粘罕率娄室等追捕天祚帝，当天祚帝逃到余都谷（今地不详）时，被随从小胡鲁出卖。小胡鲁向金军密告天祚帝的藏身之处，粘罕派人前去招降，天祚帝不肯。粘罕于是派娄室率领骑兵追赶。娄室很快追上了，并向天祚帝下跪说：“奴婢不佞，乃以介胄犯皇帝天威，死有余罪”，说罢向天祚帝献上酒。走投无路之下，天祚帝只好束手就擒。

天祚帝被俘后，金太宗天会四年（1126），太宗封他为海滨王，将他囚禁于长白山。至金熙宗皇统元年（1141）时，再改封天祚帝为豫王，直到皇统五年（1145），当了近二十一年俘虏的天祚帝才病死于金国。

辽自耶律阿保机建立，到天祚帝保大五年（1125）被金所俘，共二百一十九年。但在中国的辽朝虽然已经灭亡了，耶律阿保机的后代耶律大石却西走中亚，别创了一番伟业。

第十章

契丹的语言和文字

契丹语

契丹族既然是东胡系鲜卑族的后裔，那么其语言属性自然与鲜卑语有着密切关系，只是历来有关鲜卑语言的史料极少，故此很难断定鲜卑语属于何种语族，不过就目前在史料中出现的一些鲜卑语汇的汉字音译来看，如“鲜卑郭洛带”、“可博真”[①]、“契害真”[②]等，至少可以断定鲜卑族在语型上不属于孤立语型（Isolating language type），因此不可能为汉藏语族（Sino-Tibetan language family）。

在鲜卑之前或之后生活于长城以北的诸多草原游牧民族所使用的语言都属阿尔泰语族（Altai language family），因此可以断言鲜卑语也属于阿尔泰语族，此观点目前已为学界所公认，所以契丹语也应当是阿尔泰语族的契丹语。契丹语汇以汉字音译在契丹史料中留存的相当多，本来不好解读，幸好《辽史·国语解》对此类语汇做了颇为详细的解释，现择其较重要且常见者，录之如下页表。

表中所录契丹若干词汇的汉字音译，其中“详稳”一词很可能是汉语“相公”的契丹语读音，并延伸为官府监治长官的名称；另外“令稳”也可能是汉语“令公”的契丹语读音，并把它作为契丹官名；此外“夷离堇”一词契丹曾颁赐予北方游牧民族，如当时分布在今蒙古国中部、使用突回语的克烈部的首领脱斡邻勒，就曾被女真封为“夷离堇”（女真袭用

① 语出《南齐书·魏虏传》，其意为守卫者或看门官。

② 出处同前书，其意为行刑官。

鲜卑语

关于鲜卑语，历来有以下各说：

一、认为鲜卑语属于匈奴语，或变种之匈奴语。

二、认为鲜卑语为通古斯语。

三、认为鲜卑语源于蒙古语。

无论鲜卑语属于以上何种，以上三种语言都属阿尔泰语。

契丹语汇），而脱斡邻勒又自称汗，于是就以王汗之名出现于各项文献之中。

至于文字，契丹民族起初并没有创制可以用来记录契丹语的文字，契丹建国之后，由于民族意识的觉醒，以及契丹语和汉语无论在语型、语法、语音上都有极大的差异，因此，创制适合记录契丹语言的文字，就成为必要之事。汉语是孤立语型，在语法结构上是由“主词＋动词＋受词”来构成最简单的句子；在语音上是每个字都是单音节。契丹语是胶着语型，在语法上一个最简单的句子构成方式为“主词＋受词＋动词”，而动词能够呈现主词，所以有时主词就省略了；语音上几乎都是复音节，因此要以汉字记录契丹语言几乎是不可能的。尤其在辽朝中期以前，大辽国势鼎盛，为了发展文化，更需要创制契丹文字。

《辽史·国语解》对契丹语汇的解释摘录

契丹语汇	释义
阿庐朵里	一名阿鲁敦，贵显名，辽于越官兼此者唯耶律曷鲁一人。
选底	主狱官。
常衮	官名，掌遥辇部族户籍等事；奚六部常衮，掌奚之族属。
克释鲁	克，官名；释鲁，人名。后克朗、克台哂仿此。
石烈	县也。
柴册	礼名。积薪为坛，受群臣玉册。礼毕，燔柴，祀天，阻午可汗时之制也。
北克、南克	掌军官名，犹汉南、北军之职。
林牙	掌文翰官名，时称为学士。其群牧所设，止管簿书。
瑟瑟礼	祈雨射柳之仪，遥辇苏可汗时制。
详稳	诸官府监治长官。
梯里已	诸部下官也，后升司徒。
达剌干	县官也，后升副使。
麻都不	县官之佐也，后升为令。
马步	未详何官，以达剌干升为之，知其高于达剌干。
夷离堇	统军马大官，（辽太宗）会同（938—947）初，改为大王。
挞马狘沙里	挞马，人从也；沙里，郎君也；管率众人之官。后有仅称挞马者。
阿主沙里	阿主，父祖称。
惕隐	典族属官。即宗正职也。
于越	贵官，无所职。其位居北、南大王上，非有大功德者不授。
阿点夷离的	阿点，贵称。夷离的，大臣夫人之称。
夷离毕	即参知政事，后置夷离毕院以掌刑政。宋刁约使辽有请云“押宴夷离毕”，知其为执政官也。
挞林	官名。后二室韦部改为仆射，又名司空。
敞史	官府之佐吏也。思奴古官与敞史相近。
杓窊印	杓窊，鸷鸟总称，以为印纽，取疾速之义。凡调发军马则用之，与金鱼符、银牌略同。
拜奥礼	凡纳后，即族中选尊者一人堂奥而坐，以主其礼，谓之奥姑。送后者拜而致敬，故云拜奥礼。

续表

契丹语汇	释义
敞稳	诸帐下官。亦作常衮，盖字音相近也。
阿札割只	官名。位在枢密使下，盖墩官也。
四捷军	辽以宋降者分立二部，一曰四捷军，一曰归圣军。
虎思斡耳朵	或称“虎思斡鲁朵”。斡耳朵是宫帐名。
敌烈麻都	掌礼官。
旗鼓拽剌	拽剌，官名。军制有拽剌司，此则掌旗鼓者也。
食羖之次	大行殡出，群臣以羖羊祭于路，名曰食羖之次。
禡祭	凡出征，以牝牡麃各一祭之曰禡，诅敌也。
勘箭	车驾远归，合门使持雄箭，勘箭官持雌箭，比较相合，而后入宫。
方裀、朵殿	凡御宴，官卑，地坐殿中方墩之上；其不应升殿，则赐坐左右朵殿。
乃捏咿唲	正月朔旦也。
忄甲里叵寸	忄甲读作狎，叵寸读作颇。二月一日也。六月十八日宴国舅族，亦曰里叵寸。
陶里桦	上巳日，射兔之节名。
讨赛咿唲	重午日也。
赛咿倪奢	日辰之好也。
必里迟离	重九日也。
石烈辛衮	石烈官之长。
令稳	官名。
忒里蹇	辽皇后之称。
楚古	官名。掌北面讯囚者。
实里薛衮	祭服之冠，行拜山礼则服之。
莫弗纥	诸部酋长称，又云莫弗贺。
算斡鲁朵	算，腹心拽剌也。斡鲁朵，宫也。
弥里马特本	官名，后升辛衮。
麻普	即麻部不，县官之副也，初名达剌干。

契丹大字

辽太祖神册五年（920），在文臣耶律突吕不和耶律鲁不古的合作下，创制出“契丹大字”，也称“国字”。这种契丹大字或契丹国字大致建立在汉字的基础之上，有点、横、竖、撇、捺等笔画，也有横平竖直、拐直角的弯，更有少数直接借用汉字，如“皇帝”“太后”“王”等，这类字都是用以记录契丹语中的汉语借词，也可以说是契丹语中来自汉语的“外来语”；另有一些契丹大字虽然借用了汉字的字形与字义，

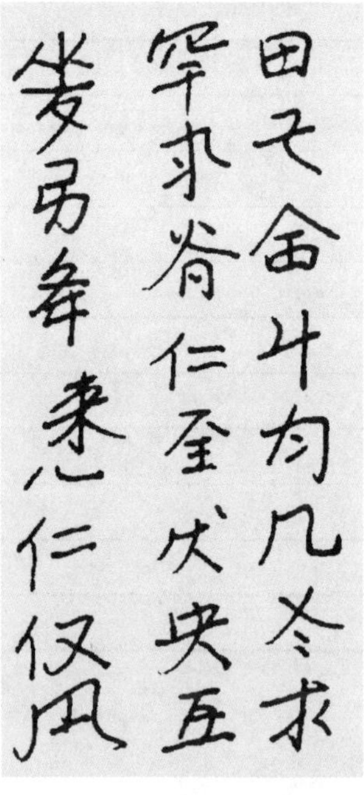

契丹大字

但读音则是契丹语音，这些字就不是来自汉语的借词，如表示数字的“一”“二”“三”等，虽然字形、字义都与汉字相同，但却有契丹语读音；另有一些契丹大字仅借用汉字的字形，却不具有汉字的字义与字音，而是另有契丹字音及字义；绝大部分的契丹大字都是自行创制的，只是在外观上与汉字相当类似，让人乍看颇有似曾相识之感，仔细再看，则全然不识，兹举数字如图以供参看。

创制契丹大字者，可能感到某些汉字笔画太多，无论书写或辨识都相当困难，因此在创制契丹大字时，尽量把笔画压缩到最少，同时也把字数尽量减少，据《新五代史·四夷附录》称，契丹大字“文字数千”，另叶隆礼在《契丹国志·太祖纪》中更直截了当地指出：“渤海既平，乃制契丹文字三千余言。”明指契丹大字只有三千多个字。

就目前现有的史料来看，契丹大字似乎只有一千多字，笔画最多的是“辔”字，笔画在十画以上的，大约只有一百多字，可见 90% 以上的契丹大字笔画都不足十画，乍看之下是比汉字简单多了，但是我们知道，只有三千多个不同的字很难写出一本好书，况且契丹语是属于阿尔泰语语系的复音节语言，很难以孤立的方块字记录语言。

当今世界上虽有上千种文字，但如果从根本结构看，可以归纳为两种，其一是表音文字，即以字母记录下语言的读音，所以也可以称为听觉文字，这种文字适合记录复音节的语言；其二则是表意文字，即以图形或不同的笔画表达语言的含义，所以也可称之为视觉文字，以这种文字作为孤立语型语言（如汉语）的载体是最适合的。

契丹语既然是属于阿尔泰语族，其绝大部分的单词都是复音节，而且又有时态与单复数的变化，因此一个孤立的单字就不可能记录复音节、时态及单复数的复杂情况。为了完整表达契丹语言，有时必须用两个或多个字才能记录一个单词的语音。如此一来，所借用的汉字或所创制的契丹字，都只能成为一种音符，其所借用的汉字如“王”“皇帝”“太后”等极少数汉字是音、义都借，只能算是契丹语中来自汉字的“外来语”。

几个孤立的契丹大字，按照辅音（声母）、元音（韵母）相拼的原则，组成契丹语言。可是由于单词之间没有分隔符，所以很难去判断行文中一个契丹大字究竟它本身就是一个单词，还是与上一个字或下一个字甚至既与上一个字又与下一个字共同组成一个单词，或者它根本不是单词的组成部分，仅仅是挨着单词之后的时态或单复数符号。

契丹大字如果只从单字的数量及笔画来看，似乎是一种结构比较简单的文字，但是如果以实际使用及拼音方式看，则是一种极其复杂的文字，契丹大字既然有这些特点，想以契丹大字载录历史事件、法令规章，自然是困难重重，如要以契丹大字创作感人的文学作品，那更是几乎不可能的事情。

契丹小字

创制文字毕竟是一件高难度的工程，古往今来大多数民族都有自己的民族语言，但是能创制文字的民族则寥寥无几。契丹民族崛起于松漠，创建辽朝，而辽朝国祚长达二百一十年，如果包含西辽，则将近三百年，是一个伟大的民族。因此，既然发现契丹大字作为契丹语言的载体，有其难以克服的困难，所以必须进行变通，契丹人在之后另行创制了一种更为完善的契丹文字，后来称之为“契丹小字”，或直接称之为契丹字或契丹文。

契丹大字或小字的名称，不是由于字体的大小，而是出于创制时间的先后。契丹小字是辽太祖耶律阿保机之弟耶律迭剌所创制，至于何时创制，史传失载，但据常情推断，契丹大字既然在运用上有难以克服的问题，耶律迭剌应该已经着手研究契丹小字的创制，但文字的创制有其专业性和复杂性，绝非一蹴可就。史传既称契丹小字是耶律迭剌所创制，所以必然是在他的有生之年完成的，因此判断契丹小字创制完成之年，距契丹大字使用并发现问题不过三五年时间，就创制文字这一艰巨工程而言，三年五载已经是相当快速了。

契丹小字的特点是“数少而连贯”，也就是说，文字虽少，却能系统、全面地载录契丹语言。

契丹小字仍是参考汉字及契丹大字的字形，并在汉字反切法的原则下所创制的一种拼音文字。“反切”是古代汉字的拼音方式，一个字的读音以两个字的声母、韵母来表达，就是以第一个字的声母（辅音）与第二个字的韵母（元音）相切，就成为这个字的读音，如“冬”字为都宗切，就是以“都”字的声母与“宗”字的韵母相切，就是“冬”字的读音。

这种文字的字母看起来虽像汉字，却不是汉字，契丹小字最基本的读写单位只是发音符号，称之为字母也许更为适合，只是现代研究契丹文字的学者称这种符号为“原字”[①]。

原字一般并无意义，只是音符而已，只在这些音符拼成单字时才有意义。据现有资料统计，原字共有四百五十多个，契丹小字就是由这些原字相拼而成，有一些原字可以单独构成契丹小字；必须由若干个原字拼起来才构成一个契丹小字的，称之为“合成字”。从以上所述，可知契丹小字的结构还是很复杂的，要学契丹小字，必须先牢牢记住四百五十多个原字，然后还得记住如何将原字相拼及相拼的原则，如此高难度的文字规则，对载录或弘扬契丹文化都相当不利。

契丹小字也就是契丹单词，分别由一到七个不等的原字构成，构成

① 《中国文明史·宋辽金时期》，第99页。

每个单词的原字都有一定的排列顺序，单词与单词之间有间隔，使人能够一目了然，合成字中的原字排列顺序为先左后右。契丹小字的排列原则略如下图，每一个数字代表一个原字。[①]

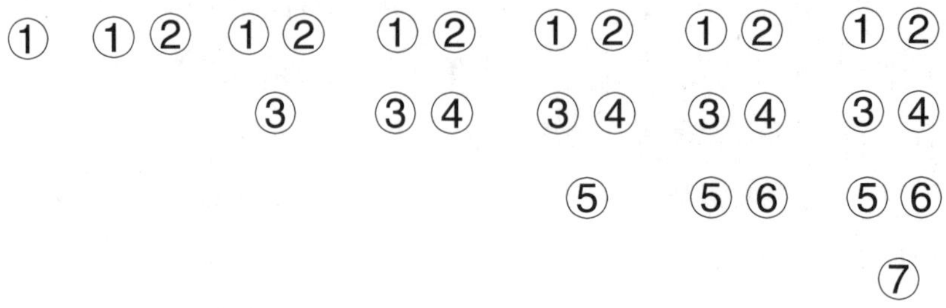

这里且描绘几个契丹小字以供参考（见下图）。

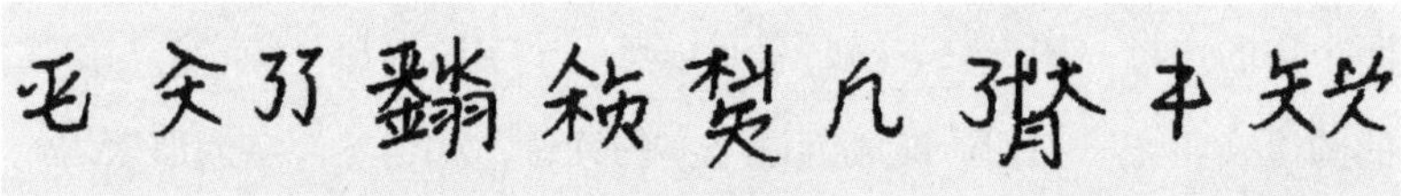

契丹小字乍看之下和汉字非常相似，但细看却无一字认得。原字的笔画都比较简单，很少在十画以上，常用原字多在六画左右。契丹小字的书写方式是自上而下，换行时由右向左，敬语另起一行或空一格，这一方面与汉语完全相同。契丹小字在字体上也有篆、楷、行、草四种字体，最常用的是楷书，契丹小字创制通行之后，契丹大字并没有废除，两种文字同时存在。

契丹文研究

虽然契丹人创制了契丹大字和小字，以之作为契丹语言的载体，但

① 《中国文明史·宋辽金时期》，第99—100页。

是辽朝境内仍然以汉人居多，就连被辽朝灭亡的渤海国也使用汉文，在这种大环境下，尽管契丹人创制了属于自己的契丹文字，但是并没有禁止人民使用汉字。后来辽朝被女真的金所灭，契丹大字和小字还通行了一段时间，到了金章宗明昌二年（1191），距辽朝灭亡已经六十六年，金朝才明令废止契丹文字。这样看来，契丹的大字和小字也使用了二百多年。

另有一说，辽朝灭亡后，辽宗室耶律大石在西域（含今日中亚地区）建立西辽，曾把契丹大字和小字带到西域[①]。但是这里对此说存疑，因为据法国学者格鲁塞（René Grousset）所著的《草原帝国》记载，西辽宫廷使用的文字是汉字，应该不会再使用契丹文字了。

20世纪时，中国境内陆续出土了若干辽代遗物，既有墓志铭，也有印章、铜镜、洞穴文字等，既有契丹大字，也有契丹小字，但是还无法完全解读。对契丹文字的研究仍是一个有待开发的学术领域。

无论如何，契丹文字的创制在中国历史上具有以下几个意义：

一、开少数民族政权创制文字的先河

在契丹民族创建辽朝之前，虽然已经有匈奴、羯、鲜卑、氐、羌、泸水胡等北方少数民族建立过汉魏式的政权，但是国祚能超过一百年的只有鲜卑拓跋部所建的北魏。

据《魏书·世祖本纪》所载："（北魏太武帝）始光二年（425）初造新字千余，诏曰：'在昔帝轩，创制造物，乃命仓颉，因鸟兽之迹，以立文字，自兹以降，随时改作，故篆、隶、草、楷并行于世，然经历久远，传习多失其真，故令文体错谬，会义不惬，非所以示轨于来世也。孔子曰：

① 《中国文明史·宋辽金时期》，第100页。

名不正则事不成，此之谓矣。今制定文字，世所用者，颁下远近，永为楷式。’”虽然有些学者因此认定北魏曾创制鲜卑字，如谬钺所著《读史存稿·北朝之鲜卑语》，此文原载于《中国文化研究丛刊》卷十；今人布特戈的《耶律阿保机语源考证》，此文载于《内蒙古社会科学》1988 年第 4 期；还有陈毅之的《魏书官氏志疏证》等也认定北魏曾创制过鲜卑字。

如果此说属实，则辽朝所创制的契丹大字和小字，就不是中国少数民族创制文字的先河。但至于北魏是否曾创制过鲜卑文字，经过详读史料、多方评比，以抽丝剥茧方式推翻了北魏曾创制过鲜卑字的各种说法，得出的结论乃是北魏太武帝于始光二年所“初造新字千余”都是汉字，所以北魏并没有创制过鲜卑字，在有新的考古发现佐证之前，此说到目前为止应是定论。但稍晚于北魏的突厥，在创建东、西两大汗国后，约早于契丹三个多世纪，曾有突厥文的应用，其字母共有三十九个，现将其形式表列如下图。

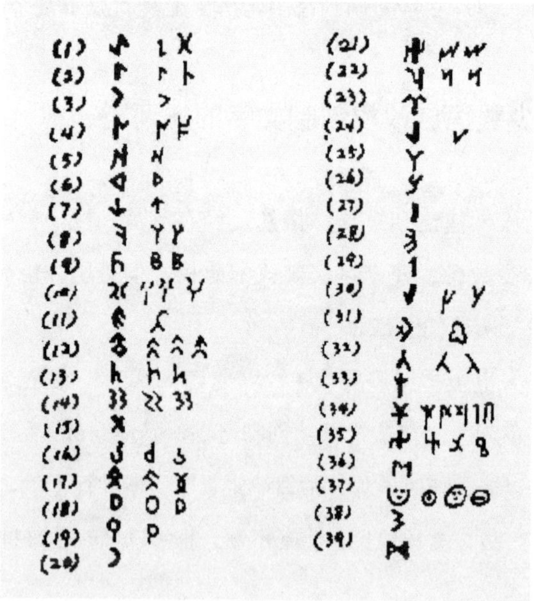

蒙文

蒙文前后曾有四种，成吉思汗灭乃蛮俘其臣塔塔统阿，命其以畏兀（即回纥）字母拼写蒙文，称之为“畏兀蒙文”或“老蒙文”；元世祖忽必烈创建元朝后，宠信蕃僧（即西藏喇嘛）八思巴，命他以吐蕃字创制蒙文，是谓“八思巴蒙文”或“新蒙文”，元之后仍恢复使用畏兀蒙文，至今内蒙古仍流行这种蒙文。另汉西蒙古四卫剌特各部，以畏兀蒙文无法精准表达西蒙古读音，乃稍作修改，称“托忒蒙文”，流行于西蒙古及今俄境伏尔加河下游额尔玛古蒙古地区。今蒙古国也采用与俄文相同之息立克字母拼写蒙语，称之为“息立克蒙文”“俄式蒙文”，也称“新蒙文”。至今蒙古国仍使用俄式蒙文。

突厥文虽《周书·突厥传》载“其书字类胡”，但是并未具体说明突厥文字的形式；此外，《北齐书·斛律羌举传》曾载：北齐后主高纬命“通四夷语”的代人[①]刘世清“作突厥语”翻译《涅槃经》以赠突厥可汗；按北齐后主高纬于公元565—567年在位，《北齐书》的“作突厥语译《涅槃经》”应是以突厥文来翻译《涅槃》，可见确实有突厥文的存在。据大陆学者林干考证，认为“突厥文大约是在五世纪时创制和开始使用的”[②]，以其书写而成的碑铭大多在今蒙古国鄂尔浑河流域发现，又以其外形与古代日耳曼人所使用的儒尼文（Runic，或作卢尼）颇为相似，所以也被称为鄂尔浑卢尼文，由于叶尼塞河流域也曾发现过以这种文字所书写的碑铭，所以也有人称之为鄂尔浑—叶尼塞文。持这种观点的人认为，

① 指代地之人，极可能是鲜卑人。

② 林干：《突厥与回纥史》，第132页。

这种突厥文脱胎于阿拉伯文的草体字母，但突厥人吸纳之后曾加以改造，并另有发明，所以具有原创性。

突厥曾建有东、西两大汗国，且崛起初期国力鼎盛，隋末天下大乱、群雄并起时也曾纷纷向突厥俯首称臣，即使是建立大唐王朝的李渊，在崛起之初也曾向突厥称臣，可见突厥的强盛远胜于古代匈奴。但是，东突厥汗国或西突厥汗国仍属草原游牧形式，所以在少数民族所建立的封建政权中能创制文字的，契丹堪称开历史之先河。

稍晚于契丹，党项羌族所建立的西夏也曾创制过形式奇特的西夏文。之后入主中原建立王朝的少数民族也都创制了本民族文字，如女真金朝的女真文、蒙古元朝的蒙文，女真清朝的满文，而且执政的少数民族都称他们所创制的文字为“国书”。但在中原大地开其先河的，则非契丹莫属。

二、契丹文保留了大量古阿尔泰语汇语法

众所周知，由于时代的推移，人类的口语无论是语法或语汇都会在不知不觉中改变。以汉语为例，《论语》的语法极可能是战国时期一般人的口语，时至今日，已经没有人再使用《论语》的语法作为口语了，但是在闽南语中仍然保留了相当多的古汉语语法，如普通话“你吃饭了没？”“还没有。”这么一段简单的问答，若以闽南语表达则为“汝吃饭未？”“犹未。”这是何其典雅的古汉语。再如今日普通话“你哪有这种本事？”以闽南语则为“您咁有这材调？”（出自《晋书》）可见汉语的普通话一直在随着时代而改变。

汉语既是如此，北方各胡族所使用的阿尔泰语想必也是如此。因此许多古阿尔泰语汇在今日阿尔泰语系各民族语言中已经无法了解其含义，如果我们能将契丹的大字和小字完全成功解读，无疑将同时解读许多古

阿尔泰语系语汇。不仅如此，更可以进一步探测阿尔泰语的分化过程，以及契丹语在阿尔泰语言中的地位。另外，契丹民族既然已经考证为鲜卑民族的后裔，那么解读契丹时代阿尔泰语的情况，就等同于可以探究五代十国时期的鲜卑语，甚至可以上溯到西汉初（前 2 世纪）匈奴冒顿单于时期东胡语的情况。从而可见，对契丹文字的解读具有极大的发展空间，也更应肯定契丹大字和小字在文化史、语言学史方面具有相当重要的历史地位。

三、对契丹文字的解读可以深化契丹史研究

《辽史》由元朝人脱脱所撰，脱脱除撰《辽史》外，还撰有《宋史》和《金史》。一人修三史，不能详尽也是意料中事。

元世祖忽必烈中统二年（1261），元朝开始修辽、金二史，世祖至元十六年（1279）灭宋，又命史官通修辽、金、宋三史，由于对这三国

契丹文字

的正统问题议论不定，因此历经六十四年仍未成书。直到元顺帝至正三年（1343），脱脱奏请设立机构，根据已有底本重修三史，至正四年三月《辽史》完成。仅用不到一年时间就完成《辽史》，且篇幅多达一百一十六卷，其仓促与草率可想而知。

契丹原本是游牧民族，记载本来就不多，而且辽朝规定契丹人的著作不得传于邻境，因此经过辽金兵乱，文献几乎荡然无存。修史时仅据金人耶律俨、陈大任二家所记，尤其辽天祚帝耶律延禧天庆二年（1112）以后的事，大多采用叶隆礼的《契丹国志》为原始资料，而叶隆礼并非史家，“以南人而纪北事，囿于见闻，尚多阙略”[①]，从而可见《辽史》疏漏之处必多。辽朝既然曾创制契丹大字和小字，而且在辽初就已经创制，年代甚早，因此依常情推断，必然有很多契丹民族初兴时期的事以契丹文字撰写，以免为外人窥知其兴起的缘由，或者在契丹族崛起的过程中，有某些不足为外人道的事以契丹文字撰写，藏于皇家或某秘密之处，以避免流入民间，暴露皇室的“秘密”。这种情形在一百多年后的蒙古就曾出现过，以回纥（或畏兀）蒙文书写的《蒙古秘史》就只秘藏于蒙古各宗王的宫廷中，一般人无缘见到。

目前在我国内蒙古自治区发现了大量的辽代墓葬，其中墓志铭多以契丹文字书写，一旦能够完全解读，对辽史研究必然会有补充的价值。如果未来有更多的考古发掘，或许会出现类似《蒙古秘史》之类的书，等于为辽史研究开启了一条康庄大道，这是何等令人期待！

四、研究契丹文字有助于对汉字源流的认知

无论契丹大字或契丹小字，都是采用汉字的笔画，而汉字自甲骨文至

① 《契丹国志》卷首，云南沙席世评语。

唐宋时期在字形甚至笔画上曾有多次变革。看来契丹在建立政权时，统治阶层对汉文化已有相当认识，否则如何能从汉字笔画中撷采所要的部分以创制契丹大字和小字的符号？这对研究汉字变化应该具有参考价值。

五、从契丹文字借词中可探求汉字在中古时期的读音

无论契丹大字或小字，都引进了相当多的汉语借词，而契丹文字尤其是契丹小字几乎完全是拼音文字，即表音的文字，因此只要能掌握字母读音，拼出来的字就是其读音。契丹大字和小字既然有许多汉词借词，而契丹文字又是拼音文字，所以契丹的大字和小字一旦能够完全解读，对于探索中古时代的汉字读音将有莫大帮助。

自从 20 世纪 20 年代陆续出土若干含有契丹文字的历史文物后，就引起中外学者的重视并投入精力加以研究，逐渐形成一个学术领域。从出土的材料看，以契丹小字居多，因此也比较容易入手。20 世纪对契丹文字的研究曾先后掀起三次高峰期，最初从 1933 年至 1935 年由王静如、罗福成、厉鼎煃三位学者投入心力研究契丹文字，成就有《辽陵石刻集录》《辽道宗及宣懿皇后契丹国字哀册初释》《契丹国字再释》。20 世纪 50 年代初期由日本学者山路广明、村山七郎、长田夏树、爱宕松男、田村

辽代·白釉剔花瓷碗

造实等掀起了契丹小字第二次研究高峰期；到20世纪60年代初期至中期，苏联学者沙夫库诺夫、达思令、鲁多夫、斯达里科夫等人都对契丹小字做了相当研究，发表了不少文章，这些人的研究可以看成是第二次高峰期的余韵。中国在20世纪70年代中期之后，学术研究得到进一步解放，由中国社会科学院组成契丹文字研究小组，集诸多学者的心力，于1985年完成了《契丹小字研究》这一巨著，掀起了契丹文字研究的第三次高峰期，在这之后仍陆续有若干论文发表。

虽然以往的研究已有可观的成果，而且出土的资料也不少，但是仍然缺乏汉字、契丹文字相对照的材料，很难做深入的突破，因此难以对契丹文字做更进一步的研究，所以后续的研究进展缓慢，更难有突破。不过，从既有的资料及研究成果看，契丹文字由于借用若干汉字如“皇帝”“太后”“王”等，而且是音、义都借，从这个角度看，契丹文字中有一些字是表意文字或表象文字，但是契丹大字的其他部分及契丹小字又近乎是表音文字或听觉文字，像这样表音、表意混为一体的文字，可说是世所罕见。同属阿尔泰语系的日本语，借用汉字的偏旁创制了日文，其中也有若干完全借用汉语的词汇，而且也是音、义全借，这种现象颇值得注意。

对契丹文字的研究，在20世纪曾掀起过三次高峰期，但是距离我们完全解读契丹文字，似乎还有很长、很艰巨的路，等待着学者的努力。非常期待有志于民族史研究的学者的投入，让神秘、难解的契丹文字得以完全解读。

第十一章

双轨政治制度

中国自古以来就是由众多民族共同构建而成的，即使人数最多的汉族，在秦汉时就已经涵盖了华夏系、东夷系、百越系及荆吴系。后来由于各民族不断接触，汉人的内涵也不断增加，从而可以了解，古往今来任何一个政权或朝代，其统治区内都有许多不同的民族，不同的民族自有其不同的血统、文化、生活习俗，无法以单一的律法治理不同民族。

五胡十六国时代

五胡十六国时代，北方诸草原游牧民族纷纷在中原建立政权，如匈奴系民族建有汉赵、赫连夏；鲜卑系民族建有前燕、后燕、西燕、南燕、北燕、代、南凉、西秦；氐族建有成汉、前秦、后凉；羌族建有后秦；羯族建有后赵；卢水胡沮渠氏建有北凉。一时之间，各草原游牧民族陆续成为统治民族，然而在这些草原游牧民族所建立的政权疆域内，被统治的人民仍然以汉人占绝对多数。胡、汉民族各有其传统文化及成长背景，既不能以少数草原游牧民族传统简约的律法来规范占多数的汉人；反之，

赫连夏

赫连夏是刘勃勃所建。刘勃勃建国后改姓赫连，所以一般文献称之为赫连勃勃。有一些人以为"赫连"是匈奴语，其实"赫连"仍是汉语。刘勃勃建立夏政权时，曾明确表示："……子而从母之姓，非礼也。……帝王者系为天子，是为徽赫，实与天连，今改姓曰赫连氏……"详见《晋书·赫连勃勃载记》。

也不能用汉人经长期经验积累出的巨细靡遗的典章来约束北方的草原游牧民族。在这种两难的情况下，当时的统治者决意以胡法治胡族，以汉法治汉人。

游牧民族乃是逐水草而居，所以又称之为“行国”，行国的始祖是匈奴。《史记》《汉书》《后汉书》《晋书》等正史对匈奴的国家行政组织都有颇详细的描述，由于文字相当琐细，这里不一一予以引录，但是为明了起见，以图表方式呈现如下页图。

匈奴单于一系姓栾鞮氏（《后汉书》作虚连氏），国内贵族有呼延氏、兰氏、须卜氏，后来又增加了乔林氏。据《后汉书・匈奴传》称：“呼延氏为左，兰氏、须卜氏为右，主断狱听讼，当决轻重。”可见匈奴帝国也有章法，并做了细致的分工。

从《史记・匈奴传》等史料中，可知匈奴单于同姓贵族多有封地，常常在外带兵，异姓贵族（或作贵种）则主政而居内，从而可知匈奴帝国也有一定的制度。《后汉书》称匈奴“其大臣贵者左贤王，次左谷蠡王，次右贤王，次右谷蠡王，谓之四角；次左右日逐王，次左右温禺鞮王，次左右渐将王，是为六角，皆单于子弟次第当为单于者也。”从这段记载可以很清楚地看出关于单于之位继承顺序的规定。必须注意的是：匈奴将国家分为左、右、中三大部分，单于居中，以控制左右，也可受左拥右戴之功，这种部署方式对后代所有草原游牧民族都具有启迪作用。

以这一套行政组织治理草原上的游牧部落可能相当有效，可是当北方游牧民族进入人口密集的中原地区后，原有的那一套行政组织对务农的汉人而言就派不上用场了。中原汉人自秦统一天下后，废封建置郡县，到了汉代在郡县之上增加“州”一级，从此成为定制，直到元代才开始另创行省制。

自从西晋惠帝永安元年（304）匈奴族建立汉赵政权之后，北方草原

匈奴行政组织表

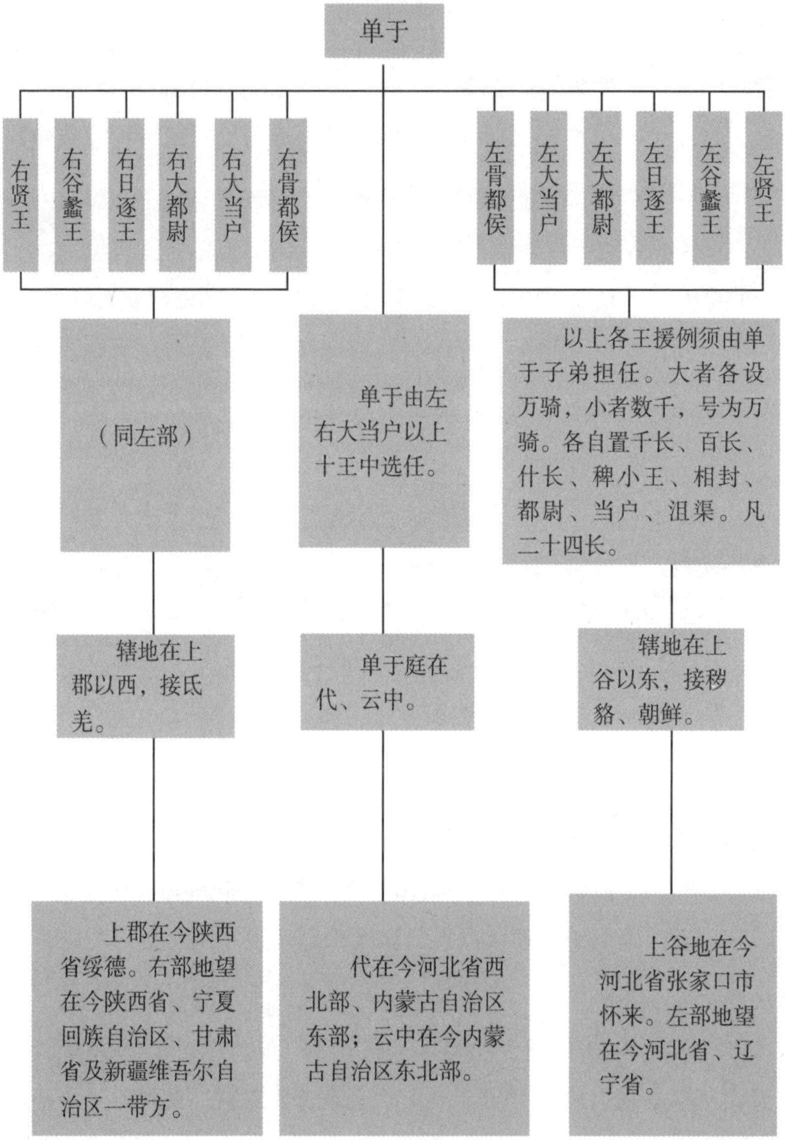
单于
右贤王
右谷蠡王
右日逐王
右大都尉
右大当户
右骨都侯
左骨都侯
左大当户
左大都尉
左日逐王
左谷蠡王
左贤王
（同左部）
单于由左右大当户以上十王中选任。
以上各王援例须由单于子弟担任。大者各设万骑，小者数千，号为万骑。各自置千长、百长、什长、稗小王、相封、都尉、当户、沮渠。凡二十四长。
辖地在上郡以西，接氐羌。
单于庭在代、云中。
辖地在上谷以东，接秽貉、朝鲜。
上郡在今陕西省绥德。右部地望在今陕西省、宁夏回族自治区、甘肃省及新疆维吾尔自治区一带方。
代在今河北省西北部、内蒙古自治区东部；云中在今内蒙古自治区东北部。
上谷地在今河北省张家口市怀来。左部地望在今河北省、辽宁省。

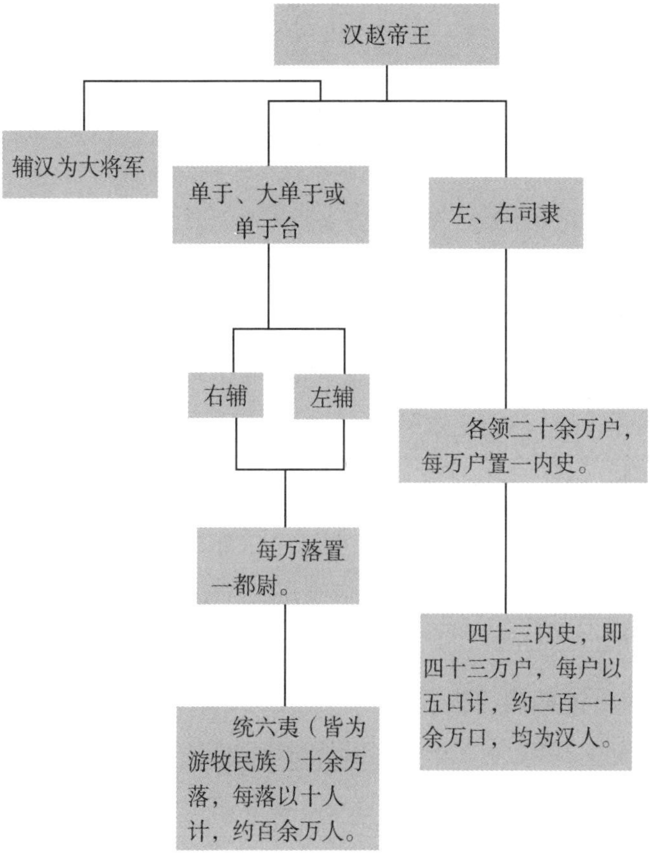

诸游牧民族纷纷在中原建立政权，成为统治者，既不能以传统的游牧民族组织制度将人民分为左、中、右三部过游牧生活，也不能将包括统治者在内的各游牧民族编入州、郡、县过定居务农的生活，因此最早在中原建立政权的汉赵政权就实行胡、汉分治的双轨政制，或称二元政制，大致情形如下：

（一）仍然沿用自秦汉以至魏晋以来的郡县或州郡县制，以统治中原地区的汉人。

（二）对于游牧民族则以游牧民族传统部落制所习用的单于制统治。

另为加强军事控制以维持统治者的武力，实行军镇制。据《晋书·卷一〇二·刘聪载记》所述："置辅汉，都护，中军，上军，辅军，镇，卫京，前，后，左，右，上，下军，辅国、冠军、龙骧、武牙大将军，营各配兵二千，皆以诸子为之。左、右司隶，各领户二十余万，万户置一内史，凡四十三内史。单于左、右辅，各主六夷十万落，万落置一都尉。"详见上图。

以上图表整理自《晋书》，可以知晓所置辅汉等大将军，皆以"诸子为之"，其成员为草原游牧民族无疑。至于左、右司隶各领二十余万户，万户置一内史，凡四十三内史，则为所辖的汉人。左、右司隶各领二十余内史，则应为州郡县制的变形，不称州牧、郡守、县令，而称内史。至于单于左、右辅，已明确指出"各主六夷十余万落"，每万落置一都尉，其所统者以"落"计，当可确定为游牧民族。而单于左、右辅统于单于、单于台或大单于。

属于单于系统的，以"落"为单位，每一"落"既是基本之生产单位，也是作战之单位；每一落的男子既是生产者，同时也是兵士。每营有二千落，置一将军，以"诸子为之"，以单于子弟为每一营的首领，这正是北亚草原游牧民族传统的部落组织，此时虽无后世军镇之名，但已有军镇之实，从而成为军镇制度的滥觞。

从此之后，五胡十六国大多设有单于台或燕台之类的组织，有的虽未设此类组织，但是统治者往往对被统治的各游牧民族称大单于，对被统治且居多数的汉人则称皇帝，其情况如下页附表。

下页表所列仅五胡十六国中实行双轨政制的政权，后来鲜卑拓跋部建立北魏，统一北方，形成了与南朝宋齐梁陈南北对峙的局势。

从《魏书·官氏志》可以看出，北魏仍然设置南、北部，各置官员统治，《魏书》如此记载："魏氏世君玄朔，远统□（原文缺——引者注）臣，

草原游牧民族的称号情况

国名	时间	称号情况	资料出处
前燕	西晋怀帝永嘉元年(307)	慕容廆自称鲜卑大单于。	《晋书·慕容廆载记》《资治通鉴·卷八十六》
	东晋元帝建武元年(317)	东晋元帝以慕容廆为大单于、昌黎公。	《晋书·慕容廆载记》《资治通鉴·卷九十》
	东晋成帝咸和九年(334)	东晋成帝拜慕容皝为大单于、辽东公。	《晋书·慕容皝载记》
前秦	东晋穆帝永和六年(350)	蒲洪自称大将军、大单于、三秦王，改姓苻。	《晋书·苻洪载记》《资治通鉴·卷九十八》
	东晋穆帝永和八年(352)	苻坚即帝位，以大单于授其子苻苌。	《晋书·苻洪载记》《资治通鉴·卷九十九》
后秦	东晋穆帝永和十二年(356)	姚襄叛东晋，自称大将军、大单于。	《晋书·姚襄载记》
	东晋孝武帝太元九年(384)	姚苌自称大将军、大单于、万年秦王。	《晋书·姚苌载记》《资治通鉴·卷一〇五》
西秦	东晋孝武帝太元十年(385)	乞伏国仁自称大都督、大将军、大单于，领秦、河二州牧；以独孤匹蹄为左辅，武群勇士为右辅。	《晋书·乞伏国仁载记》《资治通鉴·卷一〇六》
	东晋孝武帝太元十三年(388)	乞伏乾归继位后，众人推举其为大都督、大将军、大单于、河南王。	《晋书·乞伏乾归载记》《资治通鉴·卷一〇七》
	东晋孝武帝太元十七年(392)	乾归犹称大单于、大将军。	《晋书·乞伏乾归载记》
南凉	东晋安帝隆安元年(397)	秃发乌孤自称大都督、大将军、大单于、西平王。	《晋书·秃发乌孤载记》《资治通鉴·卷一〇九》
赫连夏	东晋安帝义熙三年(407)	赫连勃勃自称大夏天王、大单于。	《晋书·赫连勃勃载记》《资治通鉴·卷一一四》

掌事立司，各有号秩。及交好南夏，颇亦改创。昭成之即王位……其诸方杂人来附者，总谓之‘乌丸’，各以多少称酋、庶长，分为南北部，复置二部大人以统摄之。时帝弟觚监北部，子寔君监南部，分民而治，若古之二伯焉。……太祖登国元年，因而不改，南北犹置大人，对治二部……皇始元年，始建曹省……四年七月，罢匈奴中郎将官，令诸部护军皆属大将军府。……泰常二年夏，置六部大人官……”

可见，自五胡十六国以至北朝，事实上都在实行双轨政制，但是尚未形成明文式的制度，直到契丹所建的辽朝后，才正式形成双轨政治制度。

契丹二元制

契丹族兴起于东北松漠之间，建立辽朝后，统治区域广阔。尤其是后晋石敬瑭将燕云十六州割让给辽后，大辽的疆域更是包括华北北部，境内民族复杂，除契丹人、汉人外，还有肃慎系女真、渤海族、奚、诸部室韦、突厥、阻卜、敌烈、乌古等民族，所以说辽朝是一个由多民族构成的国家，这是不争的事实。这些民族中，有纯游牧生态的，如蒙兀室韦、阻卜等；也有渔猎生态的，如女真；汉人是纯农业生活方式；契丹人则游牧、渔猎兼而有之。因此，这些民族各有其传统的生活模式与历史传承。

在辽朝的疆域之中，契丹人虽是统治民族，但在人数上却是少数民族，反而是被统治的汉人在人数上居于绝对多数；汉人无论是语言文字、民族源起还是生活习俗，与统治者契丹人或其他少数民族都有极大的不同，契丹所建立的政权不是游牧式的汗国，而是封建制的王朝，统治者既要统治中原地区人数众多的汉人，又要统治东北、北方、西北地区有着各种不同生活背景的少数民族，于是产生了双轨政治制度。

据《辽史·百官志》记载：“契丹旧俗，事简职专，官制朴实，不以名乱之，其兴也勃焉。太祖神册六年（921），诏正班爵。至于太宗，兼制中国，官分南北，以国制治契丹，以汉制待汉人。国制简朴，汉制则沿名之风固存也。辽国官制，分北、南两院。北面治宫帐、部族、属国之政，南面治汉人州县、租赋、军马之事。因俗而治，得其宜矣。”

从上可知，契丹自辽太宗占有华北之后，就开始采用二元政制，所谓“官分南北”，其北面官（或称北枢密院）治宫帐、部族、属国之政；南面官（或称南枢密院）治汉人州县、租赋、军马之事，是典型的双轨政制。

然而，其北、南面官的内情究竟为何，也有加以讨论的必要。据《辽史》所称，官分南北的原因在于“因俗而治”。所谓“因俗而治”，可以解释为因其传统习俗而有不同的治理方式。不仅如此，连各个民族的传统服饰也不予改变。据《辽史·卷五十五·仪卫志》记载：“皇帝与南班汉官用汉服，太后与北班契丹臣僚用国服。”可知大辽不仅政制二元，其文化习俗也为二元。谈辽代官制时，必须先了解二元政制，否则难以了解真相。正如《辽史·百官志》所称：“初，太祖分迭剌夷离堇为北、南二大王，谓之北、南院。宰相、枢密、宣徽、林牙，下至郎君、护卫，皆分北、南，其所治皆北面之事。语辽官制者不可不辨。”

由此可知，欲了解契丹的二元政制，必须对其北、南面官制先加以探讨。我们先就契丹的疆域及其划野分川的情况酌予说明。据《辽史·卷三十七》载，辽共辖：“五京、六府、州、军、城百五十有六，县二百有九，部族五十有二，属国六十。”辽的五京是全国中心，并依此五京将全国分为五道，其五京五道分别为：

阻卜

阻卜是一个很难厘清的名词，有人说阻卜就是鞑靼，有人说阻卜源于突厥，也有人说阻卜出于唐古特（党项羌族的一种），可算是众说纷纭，莫衷一是。详情请参看何光岳《东胡源流史》，江西教育出版社，2004年出版，第411—418页。

上京道：治所在上京临潢府，即今内蒙古自治区赤峰市。

中京道：治所在中京大定府，即今内蒙古宁城县大明城。

东京道：治所在东京辽阳府，即今辽宁省辽阳市。

南京道：治所在南京析津府，即今北京市。

西京道：治所在西京大同府，即今山西省大同市。

在道之下设州、县、部族制及负责边疆地区的军政机构等三种行政系统。至于州，有传统的州及头下军州两种。辽代对北方的统治措施比以往任何一个朝代都更为完整。现在仅就部族制及北面部族官、北面属国官等情况加以探讨，用以了解契丹的二元政制。至于南面官制，大体而言与汉魏晋以来的制度并无太大区别，所以不再赘述。

契丹对境内采取“因俗而治”的方式，也就是采用各部族传统的部族制，而此部族制又分为直属于朝廷的部族和附属于朝廷的部族两种，皆属北面官。直属于朝廷的部族，地方首领称“北面部族官”；附属于朝廷的部族，地方首领称“北面属国官”。兹叙述如下：

（一）北面部族官：即直属于契丹朝廷的部族，包括契丹在内汉族以外的所有部族。其中又有大、小部族之分，大部族指五院部、六院部、乙室部及奚六部，首领称大王，也就是四大王府；小部族有四十九部，每部首领为节度使，既是领兵军官，也是行政长官，属军政一元式。据《辽史·兵卫志》载：“众部族分隶南北府，守卫四边，各有司存。”可见部族无论大小皆有戍边任务。

（二）北面属国官：即附属于朝廷的“属国”“大部”及“诸部”。据《辽史》所载，“辽制，属国、属部官，大者拟王封，小者准部使”，其中“诸国”“大部”是大部族，给予“拟王封”，每部置王府或大王府，如女真国顺化王府（今吉林省敦化市一带）、南女真国大王府（今辽东半岛）、长白山女真国大王府（今长白山、图们江一带）、濒海女真国大王府（今黑龙江下游、乌苏里江以东一带）、阻卜国大王府（今呼伦贝尔湖及克鲁伦河以南一带）、西阻卜国大王府（今额尔古纳河流域一带）、北阻卜国大王府（今蒙古国鄂嫩河一带）、西北阻卜国大王府（即所谓“达旦九部”，今蒙古国杭爱山以东一带）、黠戛斯国王府（今俄罗斯境内贝加尔湖以西）、斡朗改国王府（今外兴安岭以西至贝加尔湖一带）、室韦国王府（今外兴安岭以南、嫩江上游及黑龙江中上游一带）、铁骊国王府（今黑龙江呼兰河上游、松花江北岸地区）、迪烈德国王府（今克鲁伦河下游一带）、越里国王府（今混同江西岸俄罗斯境内）、鼻骨德国王府（今黑龙江、松花江汇合处以北一带）、三河乌古国王府（今额尔古纳河以东一带）、回跋部大王府（今吉林磐石、海龙及辉南一带）及黄龙府女真部大王府（今吉林省农安县一带）等。

至于“诸部”，指的是小部族，共有六十一部，都给予“准部使”，即每部置节度使，主要有兀惹部（今黑龙江通河、松花江南北一带）、茶札剌部（俄罗斯境内的石勒喀河以南一带）、梅里急部（今色楞格河及鄂嫩河下游一带）、耶睹利部（约今蒙古国杭爱山以东一带）、粘八葛部（今蒙古国阿尔泰山东、西，东至杭爱山，西抵额尔齐斯河一带）。

以上北面部族官一切事务均听命于朝廷，对内并无自治权，所以两者各自分立置官。北面属国官则都是地方行政机构的长官，既掌军权也管民政，属国官的产生多由朝廷对各部的酋长加以任命，虽听命于朝廷，但对部内仍有些许自治权。但无论“属国”或“诸部”的各级官员，任命权仍在朝廷手上，绝不允许各部自行产生。据《辽史·百官志》载，辽圣宗统和八年（990），“诸部”之一的“划离部”上奏“请今后详稳当于部人内选授，（朝廷）不许”，这就突显出辽朝的中央集权。

（三）设置边区军政机构及北面边防官：即辽朝为巩固边防及强化对边区的统治，曾先后设置统治各属国、诸部及负责边区统治的机构。

据《辽史·百官志·北面边防官》载："上京路诸司，控制诸奚"，"辽阳路诸司，控制高丽"，"长春路诸司，控制东北诸国"，"西京路诸司，控制西夏"，"西北路诸司，控制诸国"，此外还设有"东北路诸司""东路诸司"等，这些"诸司"的层级显然高于诸属国、诸部，是军政合一的机构。兹就其中较重要的几个司略加介绍。

西北路招讨使司：据《辽史·百官志》载，此司"有知西北路招讨事、有监军"。辖境为上京道之西部及西北部，大致西起今蒙古国克鲁伦河，东至额尔古纳河，北抵色楞格河，南至大漠，也就是今蒙古国东部及我国内蒙古自治区的呼伦贝尔西部，该招讨使司治所在镇州（今蒙古国北方布尔干省）。西北路招讨使司是辽朝极为重要的边地重镇，朝廷极为重视。据《辽史·地理志》载，该处"选诸部族二万余骑充军屯……凡有征讨，不得抽移"。可见这一招讨使司显然在防范已经有崛起征兆的蒙兀室韦，即日后的蒙古。

乌古敌烈统军司：辖境为上京道东部，西临西北路招讨使司，东至嫩江，南抵大兴安岭，北至今俄罗斯鄂嫩河上游，治所为河董城（今蒙古国东部乔巴山市）。

东北路统军司：为东北诸部的最高军政机构，辖东京道全境，在辽境则达东太平洋之滨的鞑靼海峡，等于完全囊括了整个渤海国。辽朝是中国正统王朝，而且是国祚超过二百年的五个王朝之一，可以看出辽朝疆域的广阔较汉、唐毫不逊色。

契丹人所建的辽朝是第一个把双轨政治予以制度化的朝代，从此之后，双轨政制就成为中国广土众民的政治常态。自五胡十六国时代开始推行双轨政制以至清代，时间长达十五个多世纪，空间也日益变化，辽时东北边疆多达到太平洋之滨的鞑靼海峡，西辽则更将之推广到中亚的河中地区，元时涵盖今蒙古国，清时更推广至今新疆地区。

在推行双轨政制时，各游牧民族建立的国家在心态上也有不同。五胡十六国以至北魏孝文帝时，推行双轨政制是为了便于治理不同的民族，终极目的则是要达成民族融合，以塑造整个中华民族。但是无论文化混融或民族融合，都需要安定的环境与漫长的时间。五胡十六国时代，每个政权国祚都不长，再加上社会动乱不已，胡汉虽有融合，但效果并不显著，直到北魏孝文帝时才开始全面推行民族大融合。

可惜孝文帝自全面推行民族大融合至崩卒前后不过五六年，而且是以行政命令强力推行，自然会引起逆反，所以北魏后期、东西魏及至北齐、北周，又见全面鲜卑化，这就证实了文化混融只有在自然且无外在压力下进行才会得到成果。但无论如何，从五胡十六国至北魏，确实是一个混融胡汉文化的过程。

契丹以游牧民族入主中原建立辽朝，首度将双轨政治制度化，可惜当时游牧民族分支较多、分布范围过广、彼此文化差异太大，再加上整个辽朝缺乏人才，所以虽有心致力于文化混融、民族融合，却是力有未逮。辽时对契丹人犯法往往轻纵，洪皓就曾在其《松漠纪闻》中指出："辽制，契丹人杀汉儿者不加刑。"这明显也让人有民族歧视之感。

但从法律层面来看，或许并不尽然。前文我们已谈到双轨制是"以国制治契丹，以汉制待汉人"，双方所据法律基础不同，况且据《辽史·刑法志》载，辽太祖耶律阿保机曾于神册六年（921）"诏大臣定治契丹及诸夷之法，汉人则断以律令"。或许当时所定"治契丹及诸夷之法"是本着北方游牧民族政轻刑简的原则，所以比汉人律令宽松，让汉人深感不平。不过这种情形只在辽朝创建伊始存在，稍后显然已有改变。

辽朝建国之初，南、北面官制还不十分明确，乃设"汉儿司"，以汉人大臣一人总知汉人司事；直到辽太宗进入开封后，才开始沿袭晋时制度，置枢密使“掌汉人兵马之政”①，辽朝朝官有三公三师②、中节③、门下、尚书三省、御史台、翰林院④、国史院、太常寺⑤及诸监、卫。

南面朝官不分南、北，而是沿袭汉制称左、右，如左丞相、右丞相等，官员以汉人为主，偶尔用契丹人，但统称为“汉官”，这些“汉官”就是统辖汉人之官。至于汉人聚居之地，也沿袭唐代制度，设节度使、观察、防御、团练、统军、招讨等使及刺史、县令等，只是《辽史》仅列官名，未载详情，所以难以进一步探讨。

至于北面官，上文曾提到若干官职名称，另外也提到辽代所建的十二宫一府，在此有必要再加以叙述，尤其辽代所独创的宫帐制度最为奇特，各宫或王府都设有亲兵与门客，也就是部曲，以之作为宫卫。后来更增加员额，以降俘人口、州县民兵、部落人民及若干罪隶者纳入宫户，如史传所载：“皇帝即位，凡征伐叛国俘虏人民，或臣下进献人口，或犯罪没宫户，皇帝亲览闲田，建州县以居之，设官治其事。”⑥

这种宫户日渐扩增，又在政府体制之外，不对国家缴纳税赋，形同国中之国。不仅如此，在北面官中又有所谓的北面御帐官、北面着帐官、北面皇族帐官、北面诸帐官、北面宫官等设置，名目繁多，其规模均十分庞大，如北面御帐官下设侍卫司、近侍司、近侍详稳司、北护卫府、南护卫府、奉宸司、三班院、宿值司、硬寨司、皇太子惕隐司等，此等人员都是不事生产者。

至天祚帝即位时，宫卫户人数急剧增加，总计十二宫一府共

① 《辽史·百官志三》。
② 指太尉、司徒、司空及太师、太傅、太保。
③ 初名政事。
④ 又称南面林牙。
⑤ 掌礼仪、宗庙祭祀及文化教育诸事。
⑥ 《辽史·礼志》。

二十万五千户，四十一万人。《辽史》所载宫人数皆为户数之倍，宫卫户的总数据《辽史·管卫志》所载为二十万三千户，四十万八千丁，稍有差异。今据冯家升的《辽史初校》改正，当时辽全国总户数约有一百万，宫卫户则约占五分之一。而宫卫所拥有的土地，无论是耕地或可供牧畜的草原，还是山林、苑囿，都是皇室直接占有，地方官府无权过问，更没有管理、征税之权。

宫卫的属户统称宫户，或称宫分户。宫户又分“正户”与“蕃汉转户”两种，正户为契丹人，蕃汉转户为汉人或其他民族；十二宫一府总计有正户八万一千户，蕃汉转户有十二万四千户。试想如此庞大的人口都不从事生产，或者即使有生产也都归皇帝宫廷所有，而总数竟占全国总户数的五分之一，国家财政怎能不陷入窘境？于是辽朝不得不加重税赋，以支持国家开支；因此人民负担增加，为逃避税赋，往往隐匿人口，或依附豪门巨族成为部曲。

如此陈陈相因，政府财政犹如雪上加霜，民生越来越凋敝，为求苟延残喘，铤而走险的人越来越多。其情况恰如当时彰愍宫使萧韩家奴对辽兴宗所说的：“比年以来，群黎凋敝，利于剽窃良民往往化为凶暴，甚至杀人无忌，至有亡命山泽，基乱首祸。”[①]

此为辽兴宗时期的社会情况。兴宗是辽第七帝，所处时代尚属辽朝的盛世，情况已是如此。兴宗之后，辽势更衰，而宫卫人员又日益扩充，所谓生之者寡，食之者众，国势怎能不趋于衰微？更重要的是宫卫庞大人口的来源，《辽史·礼志》称有征战掳来的人口，臣下进献的人口，以及犯罪的家族人口皆没宫户，一旦没入宫卫，则形同宫卫的奴仆，毫无人身自由可言。

整体而言，辽代北、南分治的双轨政治制度对于由多民族所构成的

① 《辽史·礼志·萧韩家奴传》。

国家有其特殊意义。辽朝将双轨政制予以法治化，对之后所有建立政权者树立了处理少数民族事务的典范。就此点而言，有辽一代在政治制度的设计上自有其历史贡献。

辽代是中国历史上实施双轨政制并使之制度化的第一个朝代，虽然其中或多或少带有重契丹、轻汉人的色彩，但大致上还是朝着民族融合的方向发展，只是文化混融、民族融合需要很长的时间才能看见成效，而辽代自兴宗之后已步入衰微，自然更无力推动民族融合的工作。

中国历代“治边”政策的完善当首推清代，大清的典章制度之完备、分官设职之详细都可从《大清会典·理藩则例》中看出，但如详读文献，就能看出清代处理胡汉文化及民族融合问题的核心是从分化的角度出发。例如禁止蒙汉联姻、禁止蒙古人学汉文、禁止蒙古人取汉姓名、不准建造汉式房屋、不准演听汉族戏曲等。

《理藩则例》第十九章《禁令》载：“（嘉庆）二十年谕，近年蒙古渐染汉民恶习，竟有建造房屋、演听戏曲等事，此已失其旧俗，兹又习邪教，尤属非是……著交理藩院通饬内外诸札萨克部落，各将所属蒙古等妥为管束，俾各遵旧俗，仍留心严查，倘有游民习学邪教，即拿获报院治罪。”

“（嘉庆二十三年）又奉旨，近日蒙古王公，豢养优伶，大改敦朴旧习，殊为忘本逐末，嗣后各蒙古部落挑取幼丁演戏之事，永远禁止。”

“（道光）十六年，嗣后蒙古人，只准以满洲蒙古字义命名，不须取用汉人字义。”

“（道光）十九年……又定，王公台吉等，不准延请内地书吏教读，或充书吏，违者照不应重私罪议处，书吏递籍收管。”

“（咸丰）三年谕，蒙古人起用汉名，又学习汉字文艺，殊失旧制，词讼也用汉字，更属非是，著理藩院通谕各部落，嗣后当学习蒙文，不可任令学习汉字。”

清朝虽然有完善的“治边”政策与法令规章，但是出发点不是促进民族融合，而是要维持各民族相隔阂的状态，甚至以律令禁止民族融合，这与自五胡十六国时代以至辽的民族政策有绝对的不同。

契丹的双轨政制成效对文化融合的帮助似乎不太显著，即使如此，蒙古元朝入主中原后，将人民分为四等：蒙古、色目、汉人及南人，其中汉人就是指中原地区女真金朝统治下的汉人、契丹人、女真人、渤海人等，也可看出元初中原地区的汉人、契丹人已无太大区别，足证契丹的双轨政制确实还是或多或少起到了促进胡汉文化混融、民族融合的作用。

第十二章

耶律大石建西辽

耶律大石

金兵步步进逼辽廷后，天祚帝出逃至夹山（今内蒙古自治区萨拉齐西北大阴山一带），整个大辽乱成一团。辽南京析津府被金兵重重包围，城内更是人心惶惶，民心不稳。这时，有一个人站了出来，将摇摇欲坠的辽国暂时稳定下来，此人即为耶律大石。

耶律大石字重德，据《辽史》记载，他是辽太祖耶律阿保机的八世孙，于天祚帝天庆五年（1115）考中进士，之后被擢升为翰林承旨。翰林在契丹语中读作“林牙”，所以许多文献都称耶律大石为大石林牙。不过也有一些西方文献认为“大石”是“太子”的契丹语音译。

据史传载，耶律大石仪表堂堂，生性沉稳内敛，精通契丹文与汉文，曾任泰州、应州刺史以及辽兴军节度使。《辽史》还说他善于骑射，是文武兼备的人才。

当天祚帝藏身夹山，整个大辽朝中无主时，耶律大石挺身而出，拥立兴宗第四子耶律淳为帝，以安定民心，激励城内守军的士气。

耶律淳史称天锡皇帝或宣宗，一般文献称耶律淳临时组建的朝廷为“北辽”或“后辽”。耶律淳年事已高，加上体弱多病，因此朝中大小事务都取决于耶律大石。

耶律大石挺身而出后，城内军民有了依靠，全都振作起来。经过收编整补之后，可以作战的军民达三万多人，在耶律大石精心训练之下，成为一支劲旅，只等痛击来犯的金人。

立耶律淳为帝的原因

耶律大石可能与帝系血缘比较疏远，不可能自立为帝，故拥立与帝室血缘较近的耶律淳为帝，以便于号召军民。

再加上天祚帝虽然弃国而逃，但他仍然是大辽的正统君主，如果耶律大石自立为帝，一旦天祚帝现身，耶律大石自然难逃篡逆之罪，耶律大石如此聪明，当然不会犯下这个错误，所以他全力拥立耶律淳为帝。

可是这时金国按兵不动，南方的北宋却想趁机犯辽。北宋出动由大将种师道所率领的西北劲旅等所部二十余万，浩浩荡荡地杀向辽南京。耶律大石临危不乱，指挥若定，经过两场战役，辽军只有较小伤亡，而宋军却是死伤累累，只得仓皇而逃。北宋又以童贯为帅，再度领兵进犯北辽。童贯虽贵为太师，可是却不懂军事，一战下来，也只落得仓皇逃遁。耶律大石连得两场大捷，国内一片欢呼，辽国似乎复兴在望。

正当北辽军民陶醉在胜利的气氛中时，耶律淳却病故了。耶律淳的萧德妃才貌兼备，因此耶律大石在和宰相李处温、奚人萧干等重臣商量后，决定拥立萧德妃为太后，由她出面主持国政。但位极人臣的李处温却居心不良，虽贵为宰相，却暗中勾结北宋童贯，希望通过自己的儿子在萧太后身边当侍卫的机会，探听北辽军情，向童贯邀功。

耶律大石显然足智多谋，对于李处温父子的狼子野心他也洞察秋毫。就在李侍卫绑架萧太后要上路时，耶律大石早就带了人马在半路上拦截，揭穿了李氏父子的阴谋。

北宋原想用间谍攻下辽国，但是此举失败，无法里应外合，而大军已经发兵，箭在弦上不得不发，只好发动强攻。眼见北宋大军压境，耶律大石和萧干率领辽军应战，宋、辽两军在卢沟河一带决战，宋军再次大败。事后宋军分析，单凭宋军一己之力很难战胜耶律大石，必须联合金兵南北夹击，令耶律大石无法兼顾，方可取得战果。

宋、金联军作战后，迂回攻向居庸关（今北京市西北部）。金军如初生牛犊锐不可当，又像旭日初升愈战愈勇，让耶律大石率领的辽军大败，兵败之余不得不带着萧太后逃离南京，南京析津府落入宋金之手。耶律大石等人一路向西来到夹山，希望能找到藏匿于此的天祚帝。在经过长途跋涉后，耶律大石终于在夹山找到了天祚帝。

天祚帝对耶律大石拥立耶律淳为帝已是火冒三丈，对耶律大石在耶律淳过世后竟然扶立萧太后更是怒不可遏，所以当耶律大石带萧太后前来时，天祚帝立刻下令斩杀萧太后。

天祚帝责问耶律大石："我还活着，你怎敢拥立耶律淳为帝？"耶律大石早就料到会有此一问，所以气定神闲地回答："你以国家元首之尊，不能起而领民抗敌，弃社稷江山于不顾，躲在深山，令百姓受尽战乱之苦。为了拯救千万黎民，即使是拥十个耶律淳反抗，都比向他人乞求活命强些！"天祚帝无言以对，羞愧无比，只好赦免耶律大石之罪，并且赐以酒食。

此时，天祚帝手中尚有余兵，考虑到耶律大石曾统兵打了几场胜战，而且他也是带兵前来，所以干脆让他统率所有军队，以求暂时自保。耶律大石拥有兵权后，极力整补训练，他知道以目前现有的军队绝不能与金兵正面交战，一旦正面决战，众寡悬殊，辽军很可能连这最后一点筹码都保不住。然而金兵希望彻底消灭辽国残余的兵力，以免留下后患。几场正面交锋后，辽军大败，耶律大石被俘。

耶律大石被金兵所俘后，对金国言听计从，金国为了试探他是否真心臣服，要他做向导带兵前去抓捕天祚帝，耶律大石于是奉命前往。适逢天祚帝出走，耶律大石只抓到天祚帝的儿子，并搜到辽朝的传国玉玺。金国这才相信耶律大石是真心投降。

耶律大石之所以降金，是因为他看出辽朝气数已尽，因此必须忍辱负重，以待东山再起。耶律大石投降后，金太祖完颜阿骨打赏赐了一个女真族女子作为他的妻子，名为赏赐，实际上则是为了监视耶律大石。可是这个女子一心一意地跟定耶律大石，这倒令金太祖始料未及。

耶律大石降金的几个月期间，暗中集结了七千多士兵，并在某一天带兵逃回到天祚帝身边。金太祖一见耶律大石逃跑了，就严加拷打耶律大石之妻，可是她不肯泄露半个字，最后被活活折磨致死。

为复国入漠北

天祚帝见耶律大石带兵回来，就命耶律大石率领这七千士兵与金国决一死战。天祚帝此时兵力不多，更无后勤补给，经济实力等于零，根

辽代·双狮纹镏金银盒

此件饰品是辽太宗会同四年（941）的作品，出土于内蒙古自治区赤峰市阿鲁科尔沁旗辽耶律羽之墓

本无法与兵多将广、实力雄厚的金军对抗。如果耶律大石盲目遵照天祚帝的命令，无异于以卵击石，必死无疑。

经过缜密考虑后，耶律大石决定离开天祚帝，找一块金、宋、西夏都管不到的地方，积聚实力，重建大辽帝国。他左思右想，选中了漠北几个属于辽的牧场，居住在这里的鞑靼各部落世代为大辽豢养马匹，而且金国的力量此时还没有伸入这里，于是耶律大石连夜整顿人马，前往漠北，打算扩充实力。耶律大石此次西走只带了家人、重要随从以及二百名骑兵，其余的兵力都留给天祚帝。为防消息外泄，他在出发前还杀了北院枢密使萧乙薛等人，然后才连夜向漠北急奔，越过黑水（今蒙古国爱毕哈河），自立为王。三天后，耶律大石见到白达达人——详稳床古尔。

据《辽史·国语解》，详稳是官名，为官府的监治长官。床古尔向耶律大石献马四百匹、骆驼二十头、羊若干只，然后耶律大石一行再向西北到达辽国最北边领土——可敦城（辽称镇州），位置在今蒙古国土拉河西岸巴彦诺尔附近。经许多学者专家考证，这座城是回鹘（或作回纥）汗国（744—840）所建的宫城，可敦则是回鹘语皇后的意思。

耶律大石到达可敦城后，召集武威、崇德、会番、新、大林、紫河、驼刺、达刺乖、敌刺、弘吉拉、茶赤刺、也喜、鼻古德、尼刺、达密里、密儿纪（应即后来的篾儿乞）、合主、乌古里、阻卜、普速完、唐古、忽母思、奚的及纠而毕等各部酋长，公告：“我祖宗艰难创业，历世九主，经二百年，

白达达

白达达或作“白鞑鞑”，是指本来不是蒙古族但是已经蒙古化了的民族，有时也称“野达达”，简单说就是蒙古族的旁支或别支。塔塔尔氏、札刺儿氏、汪古部等即属于白达达。

金以臣属，逼我国家，残我黎庶，屠翦我州邑，使我天祚皇帝蒙尘于外，日夜痛心疾首，今我仗义而行，欲借力诸蕃，翦我仇敌，复我疆宇。惟尔众亦有轸我国家，忧我社稷，思共救君父，济生民于难者乎？”

这些部落原来都臣属于辽，听了耶律大石的话之后，许多部落首领深受感动，纷纷捐献驼马牛羊，发动族人投入耶律大石麾下，耶律大石于是有了一万多名精兵。

远走西域

仅凭这些精兵，耶律大石还不足以与金国相抗衡，且漠北地区环境恶劣，并不是合适的立国之处；再说金国打败辽、宋之后，一定会挥师向北。耶律大石了解西域各绿洲国家人少力薄但资源富饶，经考虑之后，他决定向西发展，于是他设置各级官吏，编组手中兵马，组成了一支精锐部队。

一两年后，即天祚帝保大三年或保大四年（1123—1124），耶律大石依契丹传统习俗，以青牛、白马告祭天地与祖宗，建年号“延庆”，而后整旅西行，沿途不断招募人员，势力越来越大。耶律大石派人致书位于高昌（今新疆维吾尔自治区吐鲁番）的回鹘国王毕勒哥，表示辽国跟回鹘长期友好，现在要借道高昌，请求给予方便。

回鹘王毕勒哥接到信后，热情地接待了耶律大石一行，大宴三天，然后再送他马六百匹、骆驼一百头、羊三千只，并且派儿子随耶律大石一同前往西域。

耶律大石致毕勒哥书

昔我太祖皇帝北征，过卜古罕城，即遣使至甘州（今甘肃省张掖市。回鹘初由漠北迁甘州，之后再迁高昌），诏尔祖乌母主曰："汝思故国耶？朕即为汝复之；汝不能返？朕则有之。在朕，犹在尔也。"尔祖即表谢，以为迁国于此，十有余世，军民皆安土重迁，不能复返矣。是与尔国非一日之好也。今我将西至大食（指中亚信仰伊斯兰教的各绿洲国家，非阿拉伯帝国），假道尔国，其勿致疑。

西域有两层意义，狭义的西域指今天的新疆地区，广义的西域则包括今天的中亚地区。中国人向来对西域充满好奇心，西晋时发现的战国竹简《穆天子传》（作者不详），叙述了西周穆王驾车至西域，受到西王母热情接待之事。相传今天新疆天山的天池就是西王母的沐浴之处，另有一说天池是西王母洗脚的池子。可见早在春秋战国时代，中国人对西域就十分向往。

大约在公元前3000年至公元前5000年，已经有人类在中亚地区活动。据北亚民族史研究发现，在公元前3000年至公元前5000年时，起源于里海北岸、高加索山脉，说印欧语的诸多民族，即白种人或高加索种人，开始呈辐射状向外迁徙。其中一部分进入中亚，除了在中亚锡尔河、阿姆河之间停留外，另有一支向东越过帕米尔高原，进入新疆，在沿塔里木盆地塔克拉玛干沙漠南北的绿洲地区定居下来。继续东进的人到达今甘肃西部的敦煌与祁连山脉一带，这就是秦汉之际的乌孙和月氏（音"肉支"）。无论是乌孙、月氏抑或塔里木盆地南北各绿洲地区的民族，在两汉以前都是白种人。经专家研究后，认为他们是最早驯服马匹的民族，

西域史书

唐玄宗时，信仰伊斯兰教的阿拉伯帝国（即汉文史料的大食）崛起，进攻中亚，并与唐西域都护高仙芝于怛罗斯（今吉尔吉斯斯坦与哈萨克斯坦边境）大战。此战高仙芝大败，被俘二万多人，其中包括为史书《通典》作者杜佑之侄杜环。

杜环被俘到阿拉伯十几年后，才搭船随阿拉伯商人回到广州。杜环记录下在西域的见闻，著成《经行记》。杜环之前，北魏后期曾有宋云等人到天竺（今印度）取经途经中亚，著有《宋云行纪》；唐初僧人玄奘所写的《大唐西域记》，对当时中亚情形也有很翔实的记载。

人数不多却骁勇善战，以近乎所向无敌的态势控制了广大地区。

乌孙、月氏因为遇到强悍的匈奴，所以才停留在敦煌、祁连山之间，但他们的力量也相当强大。秦汉时期，匈奴头曼单于曾将儿子冒顿送到月氏为人质，后来，冒顿逃回匈奴并且杀父自立。冒顿单于整军经武，西击月氏、乌孙，这两支部落只好向西迁徙到今天新疆西北部的伊犁河一带，后来乌孙在匈奴的支持下进攻月氏，月氏再向西徙，征服阿姆河、锡尔河之间的绿洲国家，史料称这些绿洲国家为昭武九姓诸国，其中以康国最为强大，但也被月氏征服。之后，月氏就成为中亚两河之间的新主人。

隋唐之际，突厥兴起，征服了整个新疆和中亚地区，之后唐太宗李世民先后征服了东、西突厥，将唐朝的力量伸入中亚，设立了许多都督府，以原来的昭武九姓各国首领为当地刺史。

唐朝衰微以后，势力逐渐退出中亚，该地由伊斯兰国家所控制，政治上与中国已无联系。伊斯兰国家的力量不断向东推进，而此时中国五代政权和辽、西夏相继崛起，已无力推进与西域的关系。

唐武宗会昌元年(841)，漠北回鹘汗国被另一支游牧民族黠戛斯击破，向西逃至高昌，建立起高昌回鹘汗国。回鹘逐渐分布于塔里木盆地各绿洲地区，一部分进入中亚两河之间，建立喀喇汗国。后来喀喇汗国分为东西两部分，西汗国在中亚，东汗国则在塔里木盆地，西汗国之西是花剌子模国（今乌兹别克斯坦及土库曼斯坦境内），这是12世纪辽末金初时期中亚的概况。

古尔汗

耶律大石率领几万人离开高昌，继续西行，到了叶密立城（今新疆维吾尔自治区额敏县）。此地水草丰美，适宜农牧，耶律大石于是在叶密立城安营立寨，有意长居于此。这时许多契丹部落眼见耶律大石已在西域立足，便成群结队、不远千里地前来投靠。几年之间，前来投靠的契丹人就达一万六千帐之多，如果以每帐五人计算，就有八万余人，不久又有一万六千帐突厥人前来投靠，连同耶律大石原有的人马，应该超过二十万人，包括契丹人、汉人、突厥人，或许还有回鹘人。就当时的西域而言，已经够资格号称大国了，耶律大石一展抱负的时候终于到了。

延庆九年(1132)，耶律大石建国，仍称“辽”，群臣尊他为天佑皇帝，史称“德宗”。耶律大石仍沿用延庆年号，汉文史料称之为“西辽”，周边的民族以及中亚的国家都称之为“喀喇契丹”。耶律大石终于建立起自己的国家，眼看就要实现复国的夙愿了。

耶律大石开始向外扩张，西辽帝国的疆域逐渐扩大，但耶律大石并没有忘记讨伐金国恢复故土，而金国也没有忽略辽朝这个“孑遗”。

当耶律大石离开天祚帝前往漠北寻求物资和人力时，金国一方面全力追寻天祚帝，一方面开始与北宋接触，因此并未对耶律大石多加注意，直到耶律大石经过高昌并拥有相当力量，才引起金的注意。耶律大石除了具备杰出的军事才能外，还具有敏锐的政治嗅觉和灵活的外交手腕。在漠北时，耶律大石极力拉拢蒙古，游说蒙古不向金供应马匹，金兵若缺少马匹，就无法越过莽莽草原和沙漠；另外，他又拉拢西夏，一旦金国出兵向西追击，他就能以西夏进行抵挡。

金西南、西路权都统（权理都统）斡鲁得知耶律大石在漠北募得战马万匹，恐成大患，于是上书金廷，请求发兵征讨。金廷深知大军穿越沙漠非有足够的战马不可，所以对于讨伐耶律大石持谨慎态度，唯恐斡鲁轻举妄动以致损兵折将，严令斡鲁要讨伐耶律大石必须获得朝廷批准；换言之，如未得批准，擅自行动就是大罪，可见金国对耶律大石的顾虑之深。

耶律大石在他称帝的第三年改元康国（1134）。同年，耶律大石定

“喀喇契丹”的古尔汗

西方文献都称耶律大石所建立的国家为喀喇契丹（Kara Khitai 或 kara Kitai）。在突厥系各民族语言中，“喀喇”意为“黑”，除了黑白的黑之外，还可以解读为“神圣”或“纯洁”。所以喀喇契丹既可以解读为黑契丹，又可以理解为神圣的契丹。

周围各民族尊称耶律大石为古尔汗（Gurkhan），古尔汗是北方各游牧民族的最高荣誉，有时也写作菊儿汗、葛儿汗或葛勒汗，意思是“汗中之汗”或“普天下的皇帝”。

都于今吉尔吉斯斯坦托克马克市(Tokmok),将此地命名为“虎思斡耳朵”;三月,耶律大石以萧斡里剌为兵马大元帅,敌剌部前同知萧查剌阿不为副兵马大元帅,令他二人带七万骑兵东征金国,欲恢复大辽。出发前,耶律大石以青牛、白马祭天,为萧斡里剌授旗并立誓:“我大辽自太祖、太宗艰难而成帝业,其后嗣君耽乐无厌,不恤国政,盗贼蜂起,天下土崩。朕率尔众,远至朔漠;期复大业,以光中兴。此非朕与尔世居之地。”

耶律大石处事谨慎,据《辽史·天祚帝纪四·西辽始末》所载,他还特别交代萧斡里剌:“你这次出征,一定要信赏必罚,要与士卒同甘共苦,选择水草丰美的地方安营,审时度势,能战则战,万不可强攻猛打,以免招致失败。”可见耶律大石并不是逞匹夫之勇、只求复仇而不计后果之人。

但萧斡里剌率军东行万余里都未遇到金兵,而所带来的牛马已死去大半,如果继续前进,即使遇到金兵,也没有必胜的把握,为保存实力,于是全军撤退。耶律大石认为出师不顺乃是天意,从此不再做东返打算,而改变战略制订了在现有领土上向西扩张的计划。

辽代·舍利石雕

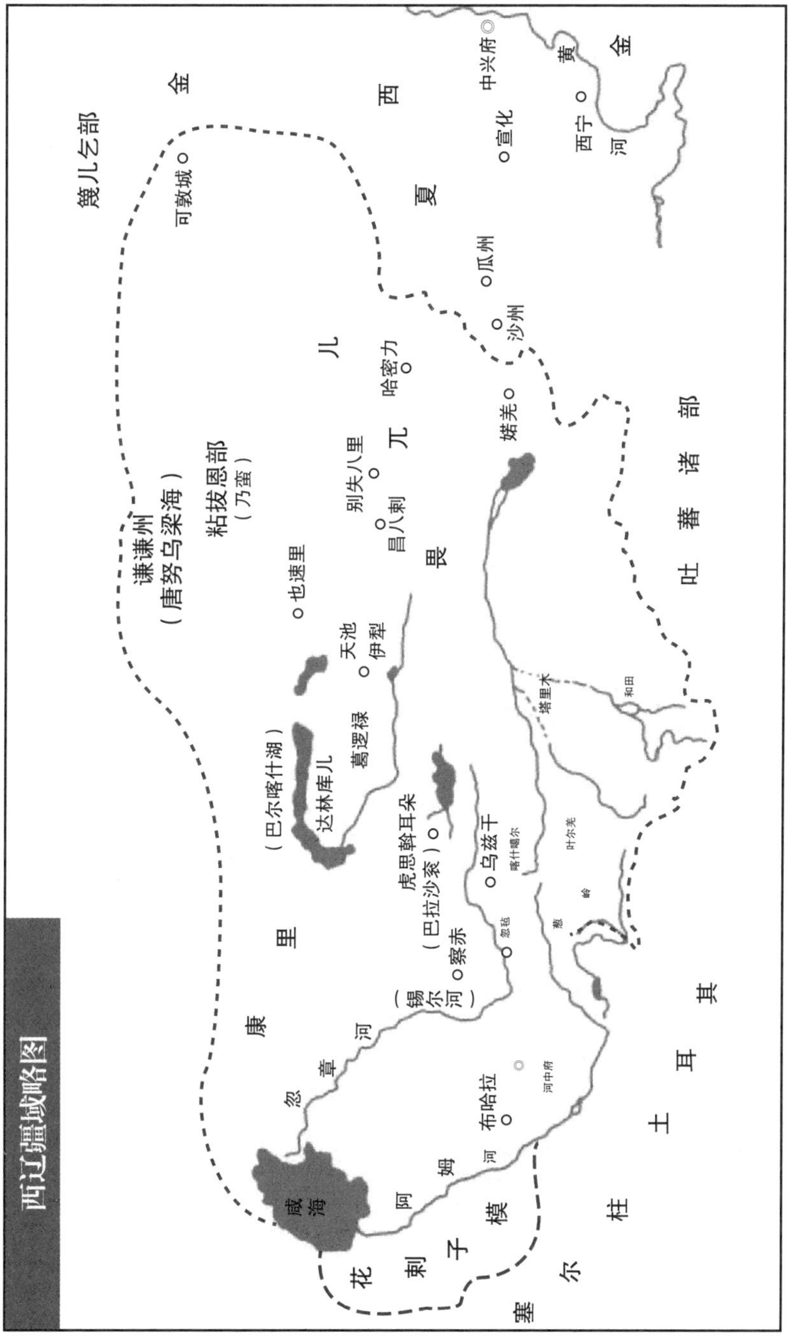
篾儿乞部
金
可敦城
西夏
中兴府
黄河
金
宣化
西宁
瓜州
沙州
哈密力
婼羌
畏兀儿
粘拔恩部
（乃蛮）
谦谦州
（唐努乌梁海）
别失八里
昌八剌
也速里
天池
伊犁
葛逻禄
达林库儿
（巴尔喀什湖）
虎思斡耳朵
（巴拉沙衮）
乌兹干
喀什噶尔
叶尔羌
葱岭
塔里木
和田
吐蕃诸部
康里
锡尔河
察赤
忽毡
忽章河
布哈拉
河中府
阿姆河
咸海
花剌子模
塞尔柱土耳其

西辽疆域略图

第十三章

西辽的扩张

扩张领土

虎思斡耳朵是东喀喇汗国的都城，原名巴拉沙衮（或作八拉沙衮），在今天中亚吉尔吉斯斯坦托克马克稍南，唐时叫碎叶城，相传诗仙李白就诞生于此。

东喀喇汗国长期受周边其他游牧民族康里和葛逻禄人的欺凌，当时的统治者听说耶律大石公正而英勇，于是遣使向西辽表示愿意归附黑契丹。耶律大石由此不费吹灰之力得到了巴拉沙衮，并将此地改名为虎思斡耳朵，并以之为都城。

耶律大石锐意经营西方，以扩大西辽的疆域。他所面对的是西喀喇汗国，该国定都于萨末鞑（今撒马尔罕），当时的统治者为易卜拉欣桃花石汗。桃花石本是中亚各民族对中国的称谓，说法来源有两种，一是鲜卑族拓跋氏所建立的北魏王朝曾威震中亚，因而“桃花石”是中亚对拓跋氏的转音；另一种说法认为，中亚各民族称唐朝为“唐家子”，日久即成为“桃花石”。

易卜拉欣在中亚久负盛名，在他的带领下，西喀喇汗国曾经长期称雄于中亚两河之间。但历经数代后，汗国君主与伊斯兰教神职人员渐生嫌隙，以致国家动荡不安，这就给了西辽可乘之机。

西辽德宗康国四年（1137），耶律大石派兵进入今乌兹别克斯坦费尔干纳(Fergana)地区，因未遇到任何阻挡，于是继续西进，直到忽毡(今塔吉克斯坦境内，Khujand），才遇到西喀喇汗国的抵抗。两军相遇后，

文人笔下的虎思斡耳朵

金宣宗兴定四年(1220),据《长春真人西游记》中的记载,虎思斡耳朵“风土气候,与金山以北不同,平地颇多,以农桑为业,酿葡萄为酒,果实与中国同,唯经夏秋无雨,皆疏河灌溉,百谷用成,左山右川,延阔万里”。

长春真人俗名丘处机,曾奉成吉思汗之召前往中亚。《长春真人西游记》是由他口述,经弟子李志常笔录成书。

西喀喇汗国大败,但西辽军队并没有乘胜西进该国的国都萨末鞑,而是在费尔干纳地区整补,以待更有利的机会。这一等就是四年。这四年间,葛逻禄人与西喀喇汗国发生了冲突。西喀喇汗国对葛逻禄人的挑衅心存畏惧,便向位于更西方的塞尔柱(Seljuq)土耳其苏丹(苏丹是伊斯兰国家中政教合一的领导人的称号)桑贾尔求援。桑贾尔于是发动境内呼罗珊、伽兹纳、马赞兰德各部十万多人讨伐葛逻禄。眼看大敌当前,为求自保,葛逻禄便向耶律大石求援。

耶律大石修书给桑贾尔,请求赦免葛逻禄人,停止讨伐他们。桑贾尔拥兵十几万,妄自尊大,致信耶律大石,在信中夸耀他的军队可以用箭截断胡须,暗示他的士兵箭法精准。耶律大石听使者读完来信后,就命人将来使的胡须拔下一绺,让他拿着针去截断胡须,这当然不可能成功。于是耶律大石质问使者说:“你不能用针截断胡须,其他人又怎么可能用箭截断胡须呢?”[1]

耶律大石知道战争已不可避免,立刻召集军队。一些西方史料称西

① 见魏良弢:《西辽史纲》。

塞尔柱土耳其

塞尔柱土耳其是突厥人的一支后裔，名称来自于该部酋长之名。公元1000年（辽圣宗统和十八年，宋真宗咸平三年）左右，在塞尔柱的率领下，这支土耳其人从中亚迁到锡尔河下游，并南下据有今伊朗的大部分地区。1055年，塞尔柱土耳其西进占领今伊拉克首都巴格达，迫使阿拉伯帝国政教合一的统治者哈里发授予塞尔柱“苏丹”的称号。

后来，这支土耳其人继续向小亚细亚、叙利亚、巴勒斯坦、埃及的红海东岸扩张，到公元11世纪末达于极盛。塞尔柱土耳其疆域东起印度兴都库什山，西达地中海，成为当时西亚的大帝国。到公元11至12世纪之交，塞尔柱土耳其开始瓦解。到公元13世纪初，花剌子模征服中亚和伊朗大部，塞尔柱土耳其帝国才解体。

辽动员了三十万骑兵，但据《辽史・卷三〇・西辽始末》中记载：“西域诸国举兵十万，号忽儿珊，来拒战。两军相望两里许，（耶律大石）谕将士曰：‘彼军虽多而无谋，攻之，则首尾不救，我师必胜。’遣大院司大王萧斡里剌、副招讨使耶律松山等将兵二千五百攻其右；枢密副使萧剌阿不、招讨使耶律求薛等将兵二千五百攻其左；自以众攻其中。”

从这段记载看，西辽动员的兵力不多。《辽史・西辽始末》另一段记载了耶律大石的儿子耶律夷列继位后，西辽的户口记录，“籍民十八岁以上，得八万四千五百户”，所以，耶律大石绝不可能有三十万骑兵可供动员。

战争的结果是塞尔柱土耳其势力退出河中地区，但耶律大石并没有进一步消灭西喀喇汗国，而是把河中地区纳入西辽藩属，改立西喀喇汗国汗王马合木的弟弟为汗王，令他向西辽纳贡。同时将国都萨末鞑更名为河中府，留下一个收税的官员负责监临。

之后，耶律大石将目标放在花剌子模上。花剌子模位于西喀喇汗国的西北方，占有里海及咸海南岸、锡尔河、阿姆河下游的广大地区，原为塞尔柱土耳其的藩属。塞尔柱苏丹桑贾尔汗在位时，花剌子模王阿即思有意摆脱附属国的地位而谋求独立。桑贾尔于是出兵征伐花剌子模，并捕杀阿即思之子阿惕里黑。阿即思在无力反抗之下只好继续向塞尔柱土耳其称臣。塞尔柱土耳其大败于西辽之后，因为西喀喇汗国藩属于西辽，西辽因此与花剌子模接壤。

耶律大石既不费吹灰之力得到东喀喇汗国，又将西喀喇汗国纳为藩属，但他并不满足。德宗康国八年（1141），耶律大石派大将额儿布思率军讨伐花剌子模。

西辽大军在几乎没有抵抗的情况下轻易进入花剌子模境内。额儿布思纵容手下屠杀花剌子模人民，洗劫村庄。阿即思向西辽乞降，愿为耶律大石效忠，并且每年缴纳税款、进贡方物。《辽史·西辽始末》所说的“回回国王来降、贡方物”就是指花剌子模。耶律大石这时已经五十五岁了，斗志减退，绥抚花剌子模之后，他就没有再大肆征伐。

西辽的政治

关于西辽疆域，向来众说纷纭。据成书于南宋时期的《大金国志·卷十四》载，金海陵王正隆元年（1156），西辽德宗已过世，由其子耶律夷列嗣立，是为仁宗，金廷“令婆隆敦为左都监帅，令经略田于曷董城。林牙之子乌律游骑数百人出入军前，婆隆敦遣使打话，遂退”。乌律就是耶律夷列，曷董城即为可敦城。可见西辽疆域已经东至可敦城附近，至少东至今蒙古国中部。

至于西辽北方的边界，应该到达今俄罗斯境内贝加尔湖以西（即旧称“唐努乌梁海”一带）。据波斯史书《世界征服者史》所载：“他（耶律大石）这时把沙黑纳（监临的长官）从谦谦州派到巴儿昔罕、从答剌速派到牙芬奇的各个地方去。”谦谦州为元代时所设，据考证在今蒙古国境内的叶尼塞河上游，现属俄罗斯自治共和国之一的图瓦（Tyva）共和国。巴儿昔罕（Barskhan）建在伊塞克湖（即热海）以南，在今吉尔吉斯斯坦境内。答剌速约在今哈萨克斯坦南部江布尔（Jambyl）。至于牙芬奇则为靠近伊犁河的一座城市。《世界征服者史》中还提到，“这时他（指耶律大石）使康里人服从他的统治”，康里人聚居地区约在达林库儿（今巴尔喀什湖）西北到咸海之间，现属哈萨克斯坦领土。

西辽的南方则以阿姆河中上游一带与花剌子模为界。花剌子模向西辽纳贡称臣后，西辽的势力就达到里海四周。在东南方面则拥有哈密、高昌、婼羌，隔沙漠与西夏接壤。

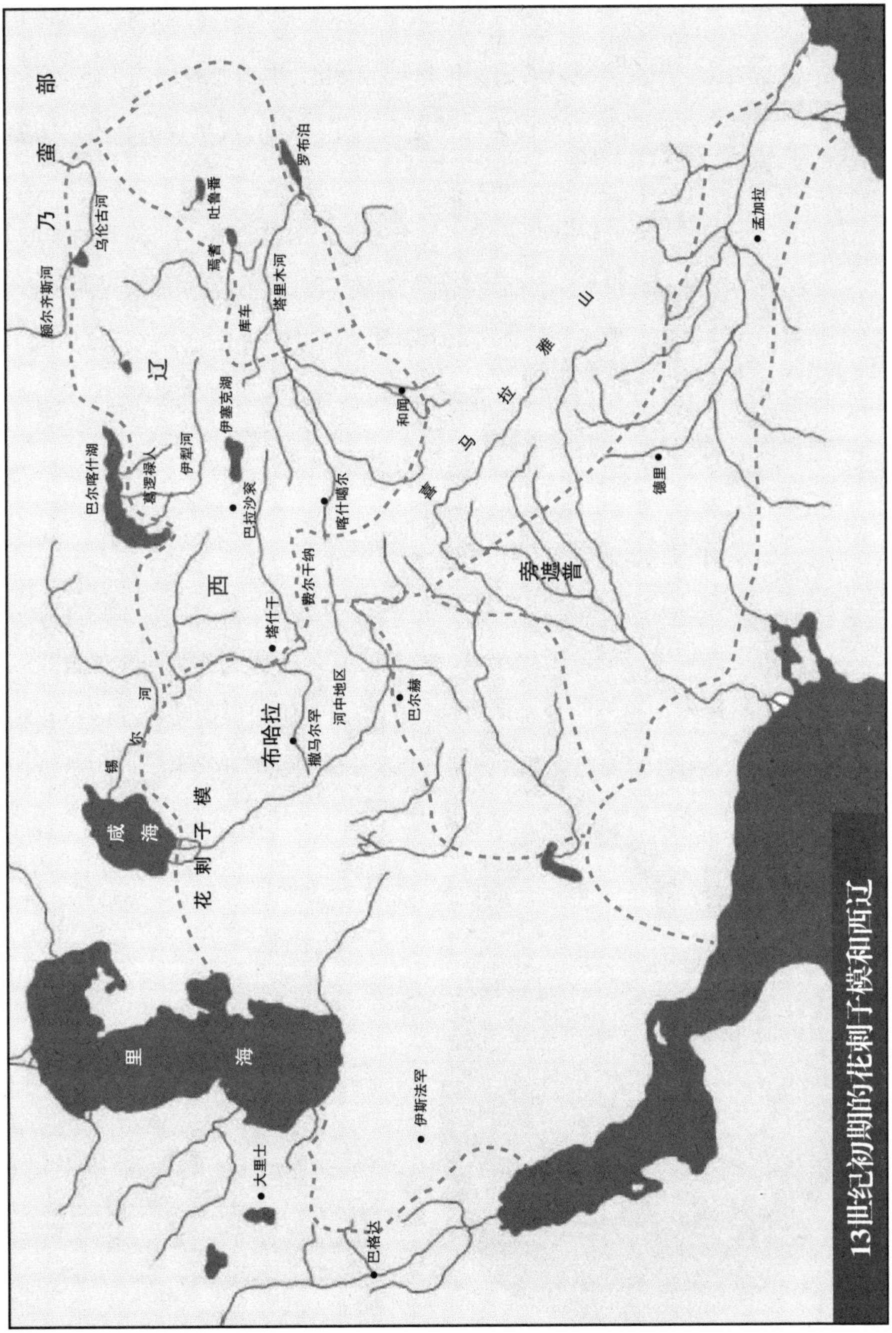

13世纪初期的花剌子模和西辽

西辽已经成为一个庞然大国，领土包括狭义与广义的西域，境内包括中原文化、印度文化、希腊文化与两河文化，具有特殊的历史意义。

在这个广大的势力范围里，西辽沿袭了辽朝的双轨政治制度，实施二元政制。

据《辽史》载，双轨制度包含："官分南北，以国制（指契丹原有的制度）治契丹，以汉制待汉人。北面治宫帐、部族、属国之政；南面治汉人州县、租赋、军马之事。"从辽朝之后，中国各朝都以双轨政制实施胡汉分治。耶律大石鉴于中亚民族复杂的情况，也将双轨政治制度带到中亚。

我们且看西辽的政治措施：

一、不直接统治广大的领土

西辽的疆域广阔，民族众多，各有其复杂的历史渊源与文化背景。耶律大石虽然把整个中亚都纳入西辽的势力范围，但西喀喇汗国和花剌子模国却采用自治方式管理，一切规章照旧，只派官员监临，收取贡赋，

辽代·白釉鸡冠壶

鸡冠壶是辽瓷的特有形制，因早期器形上部有鸡冠状装饰而得名。契丹民族以马上为家，需随时携带水、乳等饮品，为方便和安全起见，以皮革缝囊盛装，只留小口，以防倾漏。鸡冠壶即是仿照这类革囊形制做成的随葬用品，多是瓷器

间接统治。西辽以极少数的契丹人、汉人组成统治集团，不可能直接统治广大的中亚地区，这是中亚地区特殊的地理因素所造成的，何况西辽沿袭辽朝的双轨政治制度，更适合于实行间接统治。

二、对附属国采取轻税政策

西辽对于附属国家均采取轻税政策，即使国都虎思斡耳朵由西辽政府直接统治，百姓也仅以“所获十分之一入官”。附属国家的税赋则更低，如《西辽史》中记载：“这个葛尔罕（即耶律大石）也不太干涉所征服国家的行政，他对于人民征收的赋税极低，每家只要一个地纳尔（Dinar）。”①

地纳尔或译写为狄纳尔，是一种币值，每枚金币大约重七八克。西辽采取轻税政策统治中亚地区，获得了各族人民的拥戴，足证耶律大石过人的政治智慧。

三、善待各附属国首领

耶律大石对于归顺的各国君王或各民族首领都采取安抚手段。伊本·阿尔西（1160—1234）所著的《全史》中记载，耶律大石对待附属国王极有恩惠；凡附属于他，只要用一个银牌系于衣带上，表明是他的臣属就够了。

西辽采取温和的民族政策，这对初立足于中亚的西辽来说是必要且明智的。因为只有采用温和的民族政策，西辽才能顺利地行使统治权。

---

① 见布莱资须纳德著：《西辽史》，梁园东译，中华书局，1955年。

四、不分封采邑

辽时的头下军州制不仅破坏国家的税收，军州更形同国中之国。耶律大石在建立西辽后，坚决不分封采邑。俄罗斯史学家巴托尔德（Bartold）在《蒙古入侵时期的突厥斯坦》中写道：“第一代葛儿罕（古尔汗，即耶律大石）不颁赐任何的采邑……即便到末代的葛儿罕，也没有任何世袭封邑的痕迹。”

在耶律大石之前，中亚地区的汗国或王朝都大肆分封，采邑遍地。约三百年后的帖木儿帝国，也对他的几个儿子大肆分封，所以帖木儿一过世，帝国马上就分崩瓦解了。由此可见耶律大石不行分封的高明之处。

五、宗教信仰自由

中亚地区信仰复杂且多元化，先后曾有过萨满信仰、琐罗亚斯德教（即祆教）、佛教、基督教的诺斯德教派（即景教）、摩尼教以及较晚的伊斯兰教。除了萨满教信仰外，契丹人大多信仰佛教。

耶律大石建立西辽帝国后，肯定境内各民族的信仰自由，而他本人更从不明说自己的信仰倾向。从这个角度看，将近一千年前的耶律大石能在帝国内保证人民的宗教信仰自由，充分突显出耶律大石的宽阔胸襟。

西辽境内，佛教盛行于高昌；景教则在虎思斡耳朵一带流传，并在喀什噶尔（今新疆维吾尔自治区西南部）设立教区；犹太教盛于撒马尔罕地区；伊斯兰教则是盛行于中亚。这些宗教都得到耶律大石的尊敬。耶律大石身为国君，并不明示自身的宗教信仰，以获得各宗教信仰者的认同，足证其政治技巧之高明。

中原文化耀中亚

在西辽之前，中亚与中国文化互相交融已久，中国文化得到异族文化的滋养，更显多姿多彩。

西辽建立后，中原文化随之大量传入中亚，一些被金朝占领的华北地区的契丹人（因已汉化，金称之为汉人）不甘心受金朝统治，也不远千里地奔波到虎思斡耳朵去投靠西辽。这些人在语言、文化上已经完全与汉人无异。

这一时期，进入西域的汉人人数空前之多，中国中原文化也随之流入西域。在西辽统治中亚初期，以汉语为行政机构的官方语言，对中国文化的推广范围之大堪称空前绝后。中国中原文化向外推广，西辽功不可没。

耶律大石原为辽朝翰林，熟知辽朝的政治制度。辽朝在行政组织上因民族的不同而设置了双轨的行政制度，即以汉人传统的制度管理汉人，以契丹人的部落组织制度治理包括契丹在内的诸多草原游牧民族。自辽朝之后，双轨政治制度成为中国中央行政组织的常态，也就成为中国政治制度的一种。耶律大石将这种独特的制度传播到中亚地区。

耶律大石建立的西辽统辖疆域非常广阔，境内民族极其复杂，因此耶律大石将国家分为两大部分，其一以虎思斡耳朵一带为中心，包括锡尔河上游、伊塞克湖周围以及七河地区南部，作为直辖地区，实行一套行政制度，类似辽朝的南面官；另一部分是附属国和部族，如东、西喀

辽代·白釉菩萨

此件观音雕塑属中国少数民族最有代表性的风格：发髻高绑，法相庄严，眼神刚柔并济、威而不怒，该法器属契丹宗教的独特造型，具有一定的研究价值

喇汗国，高昌回鹘汗国，花剌子模汗国以及葛逻禄部、康里部等部族，实施另一套统治方式，类似辽朝的北面官。这种把中国的政治制度推广到中亚地区的现象，在中国历史上实属罕见。

耶律大石创建西辽时，带去了相当数量的契丹人、汉人，同时通过这些汉人、契丹人将中原文化传播至中亚。

不仅如此，耶律大石更把中国王朝独有的年号、庙号等制度在西辽帝国沿用下来。耶律大石本人使用了延庆、康国两个年号，崩后谥为德宗。感天太后萧塔不烟以咸清为年号。耶律夷列嗣位，年号为绍兴（1151—1163），庙号为仁宗。耶律速普完年号为崇福。末帝直鲁古以天禧为年号。

这种年号、庙号是中国独有的政治制度，向外辐射影响及于日本、朝鲜等周边国家。西辽沿用中原王朝这套制度，将独特的中国文化传播到中亚，或许在西辽帝国创建者耶律大石的心中，西辽就是中国。

第十四章

感天太后与承天皇后

感天太后

西辽德宗康国十年（1143），耶律大石驾崩。据《辽史·西辽始末》所载，耶律大石过世后，其子耶律夷列因为年纪尚轻，因此由皇后萧塔不烟全权处理国事，称感天太后，次年（1144）改元咸清。

西辽并没有因为耶律大石的辞世而土崩瓦解，一方面固然是因为耶律大石没有采取分封采邑的制度，另一方面太后萧塔不烟的精明干练、果敢强悍，也是一个重要的因素。

耶律大石的死讯第二年便传到金国，金始终把西辽视为心腹大患，一直希望杜绝后患。但以当时金的实力而论，要出动大军越过滚滚沙漠，补给极为困难，更何况要在千里之外打胜仗几乎是不可能的。无奈之下，金国就只有招抚了。

据《金史》所载，金熙宗皇统四年二月时，“回纥（同鹘）遣使来贺，以粘合（割）韩奴报之。”金这才从回鹘使者的口中得知耶律大石已过世的消息，因而派粘割韩奴随同回鹘使者同去，前往西辽。

金国占据中国华北地区之后，就以正统王朝自居，派粘割韩奴为使，出访西辽。为了提高粘割韩奴的身份等级，还特别给他加了武义将军的头衔。但武义将军的品级并不高，乃金国创设，为从六品的武官，元朝时升为从五品，明朝沿用。

西辽感天太后咸清元年（金熙宗皇统四年，公元1144年）中，粘割韩奴出发，一行跋山涉水，穿越草原沙漠，于西辽咸清三年（金熙宗皇统六年，公元 1146 年）到达西辽领地。

粘割韩奴到达西辽时，正遇上感天太后出猎。感天太后见这些人身着“奇装异服”，便令侍从卫士上前询问：“见了太后，为何不下马？”

在粘割韩奴看来，西辽不过是和回鹘同类的小国，因此当他见到感天太后时，立刻摆起架子，倨傲地回答：“我是上国使者，奉天子之命来招降你，你应该下马听我宣读皇帝诏书。”感天太后此时已是西辽的最高统治者，见粘割韩奴如此狂妄无礼，勃然大怒，厉声问道：“你一个使者前来我国，只是想逞口舌之快吗？”

粘割韩奴以上国自居的傲慢行为终于引来杀身之祸。感天太后岂能忍受使者这般狂妄自大，于是派人把粘割韩奴拉下马来，命他下跪。粘割韩奴依然口出狂言：“大胆反叛贼子，我大金国天子不忍心对你用兵，所以派我来招降，你应对我礼敬有加才是，竟敢辱骂天子的使臣！”感天皇后听了更加怒不可遏，下令杀掉了粘割韩奴。[①]

在西辽德宗耶律大石与感天太后萧塔不烟统治时期，整个国家大体上国泰民安，人丁兴旺。据《辽史·西辽始末》载：“（西辽）籍民十八岁以上，得八万四千五百户。”当时西辽课征赋税是以男子年满十八岁为一户进行征收，妇女、小孩及老人不在课税之列。如果将老幼妇孺合计在内，每户以五口计算，都城虎思斡耳朵一带人口大约有六十万之多，这在八九百年前，已经是规模相当庞大的大都市。这么多的人口，必然需要长时期的和平和一定程度的经济规模方可达到，而这些条件，都是德宗与感天太后努力经营的结果。

感天太后主政七年（1144—1150）后，还政于子耶律夷列。金海陵王天德三年（南宋高宗绍兴二十一年，公元 1151 年），耶律夷列改元绍兴，是为仁宗。

① 见《金史·粘割韩奴传》。

德宗耶律大石建立西辽之后，开始将中原王朝的政治制度推广到中亚地区，并向中亚地区各绿洲国家征收赋税。感天太后把这一制度稳定并延续下来，即使当年的大唐帝国，在中国文化与制度的推广传播方面也不及他二人之功劳。

仁宗平乱

西辽仁宗在位十三年（1151—1163），他在父母所奠定的良好基础上，继续推行国政。德宗耶律大石以武力迫使花剌子模向西辽称臣纳贡，但因西辽采取宽松和轻税政策，所以花剌子模并没有太大的负担，而且对内完全自主。

从西辽感天太后咸清五年（1148）到承天皇后崇福九年（1172）的二十多年间，花剌子模由伊尔·阿儿斯兰主政，他采取两面讨好的做法，除了向西辽纳贡称臣之外，还向塞尔柱土耳其称臣。

西辽仁宗绍兴六年（1156），西喀喇汗国与葛逻禄发生冲突。葛逻禄是中亚游牧民族，属于西突厥的一支。当这支民族游牧至某一汗国或王朝的境内时，多半会与当地政权合作，但此时葛逻禄却与西喀喇汗国发生了争战。

双方军队在饥饿草原（今乌兹别克斯坦境内）开战，西喀喇汗国大败，国君被杀，曝尸于草原，之后即位的恰克雷汗因此向西辽求助。

仁宗命东喀喇汗国的国君率领一万骑兵前往援助，双方军队隔粟特河（今中亚内）对峙。经过调停而订立和约，恰克雷汗恢复了葛逻禄首领的军事长官职务，双方撤军，免去了一场血腥的战争。但是在中亚地区游荡的葛逻禄的问题依然没有解决。

至西辽仁宗绍兴八九年间（1158—1159），西喀喇汗国恰克雷汗杀了葛逻禄大首领比古汗，比古汗之子因此带着族人逃往花剌子模。花剌子模的首领伊尔·阿儿斯兰于是重新编组葛逻禄人，并派军队协助他们入侵河中地区，即花剌子模西边近里海一带。

承天皇后

仁宗在位十三年去世，由于儿子耶律直鲁古年幼，仁宗遗诏将国事交由妹妹承天皇后耶律速普完全权处理，并改元崇福。耶律速普完嫁给了西辽武将，开国功臣萧斡里剌的长子萧朵鲁不。萧斡里剌一门手握西辽兵权，萧朵鲁不尽管娶了承天皇后，贵为驸马，但仍然经常带兵出外作战。

承天皇后认为，葛逻禄人携带武器到处游荡，不断于河中地区惹是生非，因此必须彻底解决这个问题。崇福元年（1164），承天皇后下令将布哈拉与撒马尔罕的葛逻禄人全部迁往今新疆喀什噶尔地区，并且规定他们到达喀什噶尔后必须放下武器，改以农业为生。葛逻禄人自古靠游牧掠夺为生，贸然强迫他们改事农业，只会引发各地葛逻禄人的反抗。

葛逻禄人联合向布哈拉进军，面对这些来势汹汹的葛逻禄人，布哈拉长官穆罕默德·伊本·奥玛尔知道不宜力抗，当以智取，于是他一面向西喀喇汗国告急求援，一面派人与葛逻禄交涉。穆罕默德·伊本·奥玛尔对葛逻禄首领说："之前的异族人进入这个国家后，放弃掠夺、屠杀，而你们这些战士，却把手伸向别人的财产和鲜血，不觉得蒙羞吗？只要你们放弃抢掠和杀戮，我就付给你们金钱。”以此谈判拖延时间，并松懈葛逻禄的戒心。终于等到西喀喇汗国的大军来援，葛逻禄措手不及，因此溃败。据《全史》称，此战使葛逻禄人遭到毁灭性的失败，从此葛逻禄再不能威胁中亚的安宁了。

承天皇后精明干练，自幼接受良好教育，蕙质兰心。学识、气质、个性使她成为一个天生丽质、既妩媚又霸气的女人。

承天皇后掌权之后，满腔雄心壮志。她加强控制附属国，并且征收更多的赋税。而此时在西边的花剌子模正在逐渐壮大，所以在崇福七年（1170）时，承天皇后与西喀喇汗国合作，集结大批军队，准备讨伐花剌子模。花剌子模闻讯后，在伊尔·阿儿斯兰汗的领导下，动员国内所有的军队，并且联合残余的葛逻禄人准备迎战。

双方大军在阿姆河交战，花剌子模大败，葛逻禄首领阿亚尔伯克被俘。不久，伊尔·阿儿斯兰汗去世，由幼子苏丹沙赫继位。阿儿斯兰汗之兄特克什投奔西辽，他向西辽保证，如果自己当上花剌子模的国君，每年一定如期向西辽进贡。这正合承天皇后的心意，她于是命令丈夫萧朵鲁不率领大军护送特克什回花剌子模，并且封他为东平王。然而不久后，

承天皇后的死因

承天皇后的丈夫萧朵鲁不才能平庸，可是他的弟弟萧朴古只沙里却是个才华出众、相貌堂堂、英气逼人的美男子，深得承天皇后的喜爱。

崇福十四年（1177），承天皇后为了能与萧朴古只沙里长相厮守，便罗织罪名杀了萧朵鲁不，惹得萧斡里剌大怒。这位年迈的大将军立刻率军包围了宫廷，射死了承天皇后和萧朴古只沙里。

承天皇后就过世了。

承天皇后掌权十四年（1164—1177），其后由仁宗次子也就是西辽的最后一个皇帝耶律直鲁古嗣立。在耶律直鲁古的任内，西辽逐渐走向衰亡。

中亚形势的转变

在承天皇后执政的这十四年间，中亚形势有了不小的变化。西辽协助特克什回花剌子模争夺汗位后，西辽也因此加强了对花剌子模的控制，不过花剌子模的国势仍在稳定中逐渐强大。崇福十二年（金世宗大定十五年，公元1175年），西辽东北部阿尔泰山一带的游牧民族粘拔恩部（即后来的蒙古乃蛮部）、康里部叛离西辽，投靠金国。

粘拔恩部叛归金国的有三万多人，于是西辽的国力撤出额尔齐斯河上游阿尔泰山一带。即使如此，对金国而言，西辽仍然是潜在的威胁。更不用说西辽对金朝统治下的契丹人，始终有着莫大的吸引力。

当时的金为世宗在位，世宗有“小尧舜”之称，世宗还因此特别下诏，改变对待契丹人的方式：“大石（指西辽）在夏国西北。首窝斡为乱，契丹等响应，朕释其罪，俾复旧业，遣使安辑之，反侧之心犹未已。若大石使人间诱，必生边患。遣使徙之，俾与女直（即女真）人杂居。男婚女嫁，渐化成俗，长久之策也。”[①]

可见金朝始终没有忘记西辽这个隐患。

① 见《金史·卷八十八》。

另一方面，塞尔柱土耳其被西辽打败后，势力完全退出河中地区，同时还丧失了在呼罗珊（Khorasan，今伊朗东北部）地区的影响力，由古尔王朝取而代之。西辽末主耶律直鲁古即位时的12世纪末，古尔王朝已经成为阿姆河以南的大国，而且还在极力向外扩张。西辽末主天禧二十年左右（1197），古尔王朝占领了巴尔赫（Balkh，又名巴里黑，今阿富汗北部）。巴尔赫本该向西辽缴纳哈拉古（土地税）的，被古尔王朝占领后，就不再向西辽缴税了。与此同时，东方漠北地区的形势也有了极大的变化，12世纪后半叶，来自蒙古草原的蒙古族开始崛起。

古尔王朝的统治者借巴格达哈里发的名义继续向外扩张，遇到了实力已经相当强大的花剌子模。

花剌子模的特克什汗立刻遣使向西辽求援，并请使者警告西辽，必须出兵惩罚古尔王朝侵占巴尔赫之罪，否则花剌子模将会像巴尔赫一样被侵占。如果等到古尔王朝进攻西辽时西辽才出兵，必将后悔莫及，那时再想把他们逐出河中地区更是难上加难。西辽于是以塔阳古为统帅，率领大军征讨古尔王朝。天禧二十一年（1198）四五月间，西辽大军渡过阿姆河，进入呼罗珊地区，特克什也决定率军进攻赫拉特。

不久，西辽大军攻入古尔王朝国境，占领了许多地方，但西辽军队的烧杀掳掠，引起了当地人民的反抗。西辽继续向巴尔赫进军，并且向巴尔赫城的长官发出通牒：放弃巴尔赫城，如若不然，就得恢复向西辽纳贡。结果被巴尔赫城长官悍然拒绝。

西辽军队军纪败坏，激发了呼罗珊地区人民的仇恨，各城联合反抗西辽，趁夜偷袭西辽的营帐，大损西辽军队，西辽大军仓皇逃走，等到天明才得知偷袭者不是古尔王朝的正规军，于是掉头对付古尔王朝的主力军。

经此一战，双方的伤亡都很大，后来由于有其他志愿军加入古尔大军阵营，而古尔预备军也投入战斗，故此西辽军队终究难逃大败的命运，被迫退回阿姆河边，大批士兵也因此淹死在河里。据《全史》记载，这一战西辽损失一万二千人。

西辽大军战败的消息传回虎思斡耳朵后，西辽末帝耶律直鲁古大为震惊。军队的死伤，更是西辽的一笔巨大损失。耶律直鲁古于是派使者向花剌子模索讨，要他赔偿西辽的损失。花剌子模眼见西辽战败，已不再是军事强国，现在又见耶律直鲁古派人前来索取赔偿，特克什于是断然拒绝，并且还出言不逊。

耶律直鲁古大受刺激，因为特克什是在西辽的支持下才掌权的，而且西辽此次出兵也是在花剌子模的游说下为了保护花剌子模才出兵的。西辽忍无可忍，耶律直鲁古更是一怒之下贸然派兵讨伐花剌子模，结果双方大战，花剌子模军队一度追击攻下了河中名城布哈拉。从前后这两场战争可以看出，西辽已经是强弩之末了。

第十五章

西辽的终结

铁木真崛起

西辽在中亚的势力逐渐衰微，一股大风暴却正在漠北酝酿成形，并在之后改写了整部世界史。

在叙述这场风暴之前，要稍加说明北亚当时的地理、民族状况，这样才容易理解匈奴、柔然、鲜卑、突厥、契丹等游牧民族以及即将登上历史舞台的蒙古，何以能够在极短的时间里席卷广大地域。

中国大兴安岭以西直至里海，南边从长城以北到西伯利亚，在这片广大的区域里，除了少许河流和崇山峻岭外，主要以草原、沙漠为主，地形地貌相当单调。自然条件制约了聚居其间的各民族的生活方式，他们逐水草而居。从哈萨克草原到呼伦贝尔草原，这些民族的生活方式都没有太大的差异。

游牧民族是最早驾驭马的民族，在机械动力发明之前，马是最快速的交通工具。根据历史演进的经验来看，谁能掌握速度，谁就能掌握空间，所以在17世纪之前，北方游牧民族才能以相对少数的人口控制很大一片地域。

从大兴安岭西端的呼伦贝尔草原到里海周边，在这片绵延四五千公里的莽莽草原上，各部落难以区隔疆界，生活习俗差异不大，民族混融的情形极为普遍，因此民族意识并不强烈。只要某一个民族出现了英雄人物，统一了零散的众部落，周围各民族往往就自称与这个英雄人物同族。

北亚各游牧民族崇尚力量，追随强者，谁有力量，其他各民族就会

追随强者的游牧民族

匈奴冒顿单于强盛时，征服了天山以南的西域各绿洲国家。当时，西域各绿洲国家都自称是匈奴，正如史传所说："诸引弓之国，皆号匈奴。"据传，有一天后金努尔哈赤看到风卷残云，就有感而发："游牧民族（当时他主要是指蒙古）就像云，只要有英雄人物出现，如风吹动，所有的云就随风移动。"

聚拢到他身边；一旦力量消失，这些拥护者就会弃之而去。这就不难解释为何前秦苻坚淝水之战失败之后（383），一度统一中国北方的强大的前秦也随即瓦解；征服欧洲的北匈奴首领阿提拉一过世（453）后，庞大的匈奴帝国就开始分崩离析；15 世纪初，中亚帖木儿大帝驾崩（1405）之后，帖木儿帝国也立刻四分五裂。

12 世纪后半叶，今蒙古高原地区的众多民族各自盘踞，彼此互相争夺生存空间。当时蒙古族还没有统一，各部落分散游牧于土拉河（今蒙古国中北部）、斡难河（今蒙古国北部）一带。蒙古的北边是篾儿乞部；南边是汪古部；在蒙古的西边（今蒙古国中部）有突厥回纥系的克烈部，力量相当强大；克烈部的西边即今蒙古国西部阿尔泰山科布多一带是突厥回纥系的乃蛮部，即前文提到的粘拔恩部。

乃蛮部的北边居住着斡亦剌部（《元朝秘史》称为林木中百姓），乃蛮部与斡亦剌部互相对立。12 世纪后半叶时，蒙古博尔济锦（或作勃尔只斤）氏的一个名叫也速该把阿秃儿[①]的部落酋长，在一次与敌人作战时，捕杀了对方的酋长铁木真兀格。恰巧也速该的妻子刚刚生了一个儿子，为了纪念此次作战的胜利，也速该就把这个婴儿取名为铁木真。铁木真

① 把阿秃儿是蒙古语，意为英雄，也写作拔都；满语音译为巴图鲁。

脱斡邻勒名号的由来

在许多汉文文献中，脱斡邻勒又写作王汗或翁汗。这是由于脱斡邻勒曾经与也速该协助金朝安定边境，金朝封脱斡邻勒为“夷离堇”，有“王”的含义，而脱斡邻勒又自称为汗，所以合称王汗。

脱斡邻勒协助铁木真抢回被篾儿乞部抢去的妻子，又协助铁木真聚拢离散的人力，而且曾多次与铁木真合兵征讨蒙古各部，帮助铁木真统一了蒙古。

的诞生，不但改变了蒙古民族的命运，也改写了人类的历史。

铁木真少年失怙，又遭同族泰亦赤乌氏的欺凌，使他养成了坚忍不拔、处变不惊、逆境求胜的意志。在也速该的“安答”[①]克烈部酋长脱斡邻勒王汗的协助之下，铁木真逐渐统一了蒙古各部。

西辽末帝天禧十二年（1189），铁木真称蒙古汗，但志向高远的铁木真是不会满足于仅统一蒙古各部落的。

铁木真称蒙古汗后，便将整个漠北蒙古高原视为下一个征服目标，克烈部因此成为铁木真统一蒙古高原的障碍。于是，铁木真随便找了个借口，首先灭掉克烈部，将领土扩张至今蒙古国中部，与乃蛮部为邻。

铁木真又挥师向西，以摧枯拉朽之势灭了乃蛮部。许多乃蛮部族人逃向东部中亚各地，乃蛮部的太阳汗之子屈出律也向西逃亡，投奔至西辽境内，被西辽末帝收留，并在虎思斡耳朵定居下来。

灭掉乃蛮部后，铁木真于西辽天禧二十九年（1206）受漠北各部族拥戴，称“成吉思汗”，意为“万王之王”或“汗中之汗”。

---

① 蒙古语，意为盟友或义兄弟。

西辽出征

尽管铁木真的声势日渐壮大，西辽末帝对东方这头刚出笼的猛虎却毫无戒心，他接纳投奔西辽的屈出律已是引狼入室，更令人不可思议的是，西辽末帝还把女儿浑忽公主嫁给了屈出律。天禧二十六年至二十七年（1203—1204）间，呼罗珊地区的古尔王朝又与花剌子模交战。花剌子模向西辽求助，西辽再命塔阳古率一万骑兵支援，同时西喀喇汗国的奥斯曼苏丹也率军支援。

古尔王朝的苏丹哈勃·丁得知消息后，仓皇撤兵。花剌子模一路穷追不舍，古尔王朝的军队在安都淮（今地不详）被西辽军队团团包围。古尔王朝的军队五万人战死，哈勃·丁连同侍卫大约仅一百人身陷包围之中。哈勃·丁用计逃进安都淮城中，西辽大军于是猛攻安都淮，准备活捉古尔王朝的苏丹。

就在这时，西喀喇汗国的苏丹奥斯曼自愿担任在两军中斡旋的角色。奥斯曼派信使对哈勃·丁说："为了伊斯兰世界的尊荣，我不愿一个穆斯林苏丹落入异教徒（指西辽军队）手中，死于他们之手。你最好交出你所有的一切，诸如大象、马匹等，作为赎金。我将替你斡旋，求得他们同意。"古尔苏丹哈勃·丁在走投无路之下，只好答应奥斯曼的要求。[1]西辽军队也因此放过了哈勃·丁。

此战西辽表面上打了胜仗，却全无好处，反而是替花剌子模清除了

① 见《世界征服者史》。

向外扩张的障碍。

天禧二十八年（1205），花剌子模军队渡过阿姆河，占领忒耳迷（今乌兹别克斯坦南部的泰尔梅兹，Termiz）。次年，花剌子模从古尔王朝手里夺下巴尔赫城，并将此城献给西辽。花剌子模之所以这样做，是因为花剌子模此时还不能和西辽决裂，所以先松懈西辽的戒心，以便夺取阿姆河以南的呼罗珊地区。

花剌子模抗西辽

花剌子模渐渐朝向大国迈进，然而西辽全然没有查觉出正在变化的局势。

花剌子模在特克什汗统治期间，国力逐渐壮大。天禧十年（1187），特克什汗占领了呼罗珊地区的首府尼沙普尔（今伊朗东北，Nishapur）；天禧十五年（1192）出征今伊朗地区；天禧十七年（1194）侵入今伊拉克地区；天禧十九年（1196），花剌子模军队大败巴格达军队。这时的花剌子模声势早已驾凌西辽之上，但是在名义上仍然附属于西辽。

特克什汗过世后，花剌子模由摩诃末继承汗位。此时的花剌子模国力日益增强，早已不甘心附属于西辽，于是摩诃末即位后就停止对西辽的年贡，西辽末帝因此派宰相马赫穆德巴依前去追讨。马赫穆德巴依到达花剌子模时，摩诃末正准备率军北伐另一个游牧部落钦察，如果仍然以礼接待西辽宰相，摩诃末实在心有不甘；如果加以驳斥，又怕引起西辽讨伐，破坏了北伐钦察的计划。权衡利弊之后，摩诃末请他的母亲图儿罕可敦出面接待。

图儿罕可敦处事圆融，她深知北伐的重要性，于是以隆重的仪式接待了马赫穆德巴依，并如数缴付了年贡。图儿罕可敦还派了几个贵族随同马赫穆德巴依到虎思斡耳朵朝拜西辽末帝，表达延迟年贡的歉意，并保证一定恪守附属国的本分。花剌子模前倨后恭的表现，全被马赫穆德巴依看在眼里，他如实地向西辽末帝报告了花剌子模狡猾的模样，并推测花剌子模今后恐怕不会再纳贡了。然而，此时西辽的国力正在不停下滑，对此也是无可奈何。

事情果然如马赫穆德巴依所料，花剌子模北伐钦察大获全胜。摩诃末班师回国后，就决定不再继续向西辽纳贡。不仅如此，花剌子模更把扩张的矛头指向了河中地区。

河中地区是西辽附属国西喀喇汗国的领土。西辽与西喀喇汗国始终维持着密切且友好的关系，西辽只要求西喀喇汗国每年缴交一笔贡赋，再让西辽派一名沙里纳（官名）驻扎河中府，也就是撒马尔罕即可。西辽十分重视西喀喇汗国，河中地区也常驻着西辽的军队。只是西辽军纪日益败坏，给河中地区的人民带来许多灾难，这就为花剌子模向河中地区扩张提供了借口。

西喀喇汗国日渐衰微，此时伊斯兰国家的力量则日益强大，在布哈拉出现了一个布尔罕王朝，其统治集团是一个世袭的宗教家族，首领拥有“萨德尔·贾罕”的头衔，意思是世界的支柱。这个王朝的奠基者叫“大萨德尔阿布杜·阿兹斯·本·奥马尔·马札”，是阿拉伯帝国奥马雅王朝的后裔。

布尔罕王朝名义上是西喀喇汗国的附属，实际是一个“贵族城邦共和国”。西辽占领布哈拉后，虽然任命阿尔普特勤（官名）为行政长官，但实际权力仍然掌握在布尔罕王朝手中。布尔罕王朝的统治者萨德尔拥有肥沃的土地，他从手工业和商业中获得巨额税收，又假借西辽的名义向人民大肆搜刮。

布尔罕王朝的强征暴敛激起了人民的愤怒反抗，终于在天禧二十九年（1206），布哈拉人民起身反抗，萨德尔被赶出布哈拉城。他一度向西辽求救，但西辽救兵还没赶到，布尔罕王朝就已经灰飞烟灭了。

屈出律篡西辽

西辽继续派使者图什到花剌子模收取贡赋，图什高踞花剌子模苏丹旁边的宝座上，而且出言不逊，激怒了摩诃末。摩诃末下令将图什碎尸万段，投入阿姆河中，之后宣布脱离西辽，公然起兵造反。之前布尔罕王朝被布哈拉人民赶出的王公贵族，在等不到西辽救兵的情况下，向摩诃末求援，摩诃末觉得这是千载难逢的好机会，于是率领大军朝布哈拉方向前进，此举无异于直接挑衅西辽。结果花剌子模攻下布哈拉，并且继续向撒马尔罕前进。

几场战事都传来好消息后，花剌子模联系西喀喇汗国的苏丹奥斯曼，希望争取到奥斯曼的支持。在这之前，奥斯曼曾向西辽末帝求亲，想娶西辽公主，但是被西辽所拒。所以，摩诃末使者的到来，受到奥斯曼的热烈欢迎，也等于宣告西辽失去了河中地区。摩诃末派艾米尔托特·阿巴代表花剌子模驻扎撒马尔罕。摩诃末是个虔诚的穆斯林，他极力反对信仰异教的契丹人，一再鼓吹向异教徒发动战争，于是摩诃末与奥斯曼组成联军，准备东征。

西辽得到消息后，立刻命塔阳古率军迎战，双方于天禧三十三年（1210）八九月会战，西辽军队大败，塔阳古被俘。这对日渐衰微的西辽来说无异于雪上加霜。就在此时，屈出律向西辽末帝提出建议，由他到草原召集乃蛮部、克烈部流亡的群众，补充西辽兵力。但是屈出律包藏祸心，他想利用召集到的乃蛮部、克烈部人夺取西辽政权。因为屈出律对乃蛮故国念念不忘，于是暗中勾结花剌子模，妄想里应外合，篡取西辽。

屈出律到草原后，凭着他是乃蛮太阳汗之子的身份，得到乃蛮部、克烈部流亡人民的响应，一共收筹了两万多人，形成一股不小的力量。

有了这支军队，屈出律回到西辽直辖领地，杀戮抢掠。他又遣使花剌子模，约定东西夹击西辽，然后瓜分西辽。屈出律劫掠乌兹干，进逼虎思斡耳朵，但被西辽末帝打败，士兵死伤过半。屈出律只好带着残兵败将退到北方草原，补充人力，等待机会，以期再度进攻西辽。

内外形势如此严峻，西辽末帝却还不知奋发图强。天禧三十四年（1211）秋，末帝依旧出外狩猎。屈出律得到消息后，带领军队袭击并活捉了末帝，终结了耶律直鲁古三十四年的统治，也终结了耶律氏对西辽的统治。

屈出律得到西辽帝位后，便自行称帝为喀喇契丹，将沦为阶下囚的西辽末帝耶律直鲁古“尊”为太上皇，朝夕问候起居。屈出律的目的是要利用末帝稳定自己对西辽的统治。两年后，公元1213年，忧郁成疾的西辽末帝耶律直鲁古去世，此时是中国的金宣宗贞祐元年，南宋宁宗嘉定六年。

乃蛮部和克烈部都信仰基督教的聂斯脱里教派，但屈出律娶了西辽的浑忽公主之后，就改变了宗教信仰。

契丹人是信仰佛教的，所以屈出律也改信佛教，并且在喀喇契丹境内大力推广佛教，打击其他教派。屈出律换穿契丹人的服装，并且强制推行契丹服饰，想要全面契丹化。

强迫全国契丹化的政策突显了屈出律政治智慧的不足，契丹人在中亚人口中居于少数，所以耶律大石建立西辽后，既不强力推行佛教，在语言、服饰上也不求完全契丹化，而是以入境随俗的方式进行统治。无论是感天太后、仁宗、承天皇后乃至末帝都维持了这个原则，所以西辽才能够在中亚地区统治了八十多年。屈出律的行为很快激起了境内人民的反抗，而外在的形势更是险恶，屈出律却浑然不觉。

西辽北方的铁木真持续作战。铁木真作战有个原则，如果敌人未战先降，他就会温和地对待他们；如果战而不降，则杀无赦，甚至屠城；如果敌人领袖或领袖之子逃亡，则一定赶尽杀绝。因此，铁木真灭乃蛮部后，必将捕杀出逃西辽的屈出律。

铁木真整顿部队后，先招降高昌回鹘。回鹘王降于蒙古，所以高昌并未遭到蒙古铁骑的蹂躏。高昌回鹘杀了西辽的监督官，成为蒙古的附属。屈出律的喀喇契丹此时已经是四面楚歌了。

虎思斡耳朵以东的阿力麻里（今我国新疆维吾尔自治区伊犁哈萨克自治州霍城）是哈剌鲁人的聚居地。当屈出律篡夺西辽后，哈剌鲁人就归降了蒙古。屈出律居然出兵攻打哈剌鲁，暴露了自己的行踪。

铁木真知道屈出律在西辽，而且攻打已经归顺的阿力麻里，于是立刻命大将哲别率军讨伐屈出律。屈出律战败，从可失哈尔（今我国新疆维吾尔自治区喀什）向西逃亡，进入巴达哈伤（今塔吉克斯坦与阿富汗交界处）地区，被当地人擒获，献给蒙古军。1218 年，屈出律被杀，至此西辽完全灭亡，此时是中国的金宣宗兴定二年，南宋宁宗嘉定十一年。

第十六章

契丹后人今何在

契丹的人口

辽朝的国祚长达二百多年，留下了许多可贵的文化遗产，契丹对中华文化的贡献绝不亚于其他任何民族。

辽朝统治中国境内的华北地区有二百多年，在此期间有大量契丹人移居华北地区。根据近人魏励所编的《中国文史简表汇编》中所列的《中国历代人口简表》，与辽朝同时代的北宋，人口为1628万人。依据这个数字往下推测，北宋所统治的疆域在土地、气候上和辽朝比较起来都更适于人居，所以人口很可能是辽朝的两倍。按此推论则假定辽朝人口为八百万，其中契丹人可能只有二百万。依照《蒙古源流考》记载，蒙古族建立元朝时有四十万户，每户以五人推算，约二百万人；女真入关建立清朝时，大约有二百万人，所以推估契丹统治华北初期，也应该有二百万人。

辽朝的契丹人居于统治阶层，在政治、经济上处于优势地位，所以契丹族养尊处优、妻妾成群，契丹人口的增长速度大于同时期的华北汉人。我们可以推测，在辽末帝耶律延禧时，契丹人口数应该至少与汉人相当。

如果说辽朝末期总人口有九百万，那么契丹人口至少有四百万。在今天看来，四百万人口或许只是一个小数字，可是在一千年前，这却是一个大数目。试想西汉时期，仅三百万人口的匈奴就使大汉帝国疲于奔命，汉武帝倾全国之力、穷尽毕生以伐匈奴，才遏止了匈奴向外继续扩张。

如果上述推论属实，在南宋时（公元12世纪初），今日中国的华北

辽·三彩瑞兽

这座三彩瑞兽是辽代作品，现藏于著名的“曹家大院”。曹家大院又称“三多堂”，位于山西省太谷县城，为山西晋商的代表性建筑物。曹氏为晋商首富，曹家大院共有房屋二百二十七间，距今已有四百多年的历史。该宅院建筑风格古色古香，南北通融，结构独特，整体布局呈“寿”字形

地区至少有四百万契丹人。那么女真族灭掉大辽后，这些契丹人去哪里了呢？

契丹民族在唐朝后期开始壮大，经常征服邻近各族，掳掠其他民族。久而久之，这些民族已经慢慢契丹化了，对中原王朝而言，这些人都是契丹人。辽朝入主中原后，统辖范围继续扩大，被统治的民族增多，毋庸置疑，这些被契丹族统治的民族也逐渐契丹化。

华夏文化具备兼容并蓄的特征，对外来文化抱持着但凡有利一律接纳的态度，所以许多草原游牧民族的文化习俗都融入华夏文化之中。尤其是五胡十六国之后，北方胡族很多习俗都被华夏吸收，而胡汉联姻使汉人除了原有的华夏、东夷、百越、荆吴之外更增添了北方诸多游牧民族的血胤。

如上所言，正因为这样，汉人的范畴更为扩大。但在融合的过程中，仍然是以华夏文化为主流。

契丹统治华北时期，固然有许多非契丹人逐渐契丹化了，但大趋势则是整个契丹族与中原汉人融合成新的汉人。所以，女真建立金朝后，把在中原的契丹人视同汉人。根据这个原则，再来谈辽朝覆亡后契丹人的下落，才有意义。

辽代·乐俑

有西域胡风，山西大同出土

契丹后人的下落

辽朝灭亡后，契丹人的去处大致分为以下几种：

一、仍然留在契丹族的发源地

自清朝中叶以来，就一直有学者主张今日定居在我国内蒙古自治区的达斡尔族是契丹人的后裔。当代历史学家陈述所撰的《大辽亡后的契丹人》就主张这种看法；中国学者范玉梅、吴碧云、开斗山、游智仁及邝东合编的《中国民族风情录》[①]也主张达斡尔族是契丹人的后裔。

依照这种观点，目前大部分聚居在内蒙古自治区的莫力达瓦达斡尔族自治旗的达斡尔族，以及另有一部聚居在新疆维吾尔自治区塔城市的居民，即为契丹族的后裔。据中国2000年的人口普查报告，达斡尔族约

① 四川民族出版社1983年出版。

有 132394 人，这部分人还保留有许多契丹人的语言、习俗和萨满信仰。

二、投奔耶律大石建立的西辽

辽天祚帝耶律延禧保大五年（1125），金灭辽。辽宗室耶律大石随即率领若干人向北进入今蒙古国，一些契丹人就追随耶律大石北去。

金朝统治下原属辽的疆域内，统治措施当然不能尽如人意，尤其是对有亡国之痛的契丹人。据《金史》记载，曾屡次出现契丹人投奔西辽的事迹。在西辽享祚的八十几年里，有不少中原地区的契丹人进入西辽的统治地区，尤其是西辽都城虎思斡耳朵一带。

尽管如此，西域或中亚大体而言仍是以突厥回纥语系的民族为多数，契丹人纵然有十几或二十几万人，仍然是少数族群。西辽灭亡后，这些当初西迁的契丹人也逐渐融入当地的民族之中。因此，今天的中亚各民族也有源自东方契丹人的基因。

三、融入蒙古或西夏

金灭辽后，统治疆域与辽大致相同而略大，大部分契丹人都处在金的统治之下。女真族以高压手段对待契丹族人。在金朝的歧视压迫之下，契丹人常常起而反抗，例如耶律余睹反金，失败后逃入蒙古。

《续资治通鉴长编》中如此描述契丹人的去向："于是河东八馆、五百户山金司、乙堂王府、南北王府、四部族衙诸契丹相温（详稳）酋率众，蜂亡入（西）夏国，亦或北投沙漠[①]，契丹人入金者，几灰烬。"

金朝初期，已经有很多契丹人投奔了蒙古或归降西夏。到了金朝后期，

① 即蒙古，时称鞑靼。

漠北鞑靼各部落逐渐统一，以蒙古之名兴起。更多契丹人难忍金朝的虐政，纷纷投奔蒙古，并助蒙古攻金。

《元史·卷一四九》记载：“耶律秃花，契丹人，世居桓州，太祖时，率众来归。大军入金境，为向导。”“耶律留哥，契丹人，金为北边千户，太祖起朔方，金人疑辽遗民有他志，下令辽民一户以二女真户夹居防之，留哥不自安，岁壬申（1212），遁自隆安、韩州，纠壮士摽掠其地……数月，众至十余万。”

《元史·卷一五〇》也记载：“耶律阿海，辽亡故族也。金季，选使王可汗（即王汗脱斡邻勒，克烈部首领），明年复出使，与弟丢花俱往。”“石抹也先，辽人也……其祖库烈儿，誓不食金粟，率部徙……（石抹也先）闻（元）太祖（铁木真）起朔方，匹马来归。”耶律留哥后来也北上降于蒙古。

尽管金朝的统治已逾百年，但契丹人仍然心存故国，不但投降蒙古，更为蒙古出谋划策以伐金。据史料约略估计，投降蒙古的契丹人至少有几十万之众，这是一个不小的数字。

不过，如同建立金的女真一样，蒙古也没有将这几十万契丹人视同蒙古人。《元史·世祖本纪》载：“至元二十一年（1284）八月，定拟蒙古军官格例……女真、契丹同汉人，若女真、契丹生西、北，不通汉语者，同蒙古人……”

元世祖忽必烈规定，将通汉语的女真、契丹人视为汉人；生于西、北且不通汉语的女真、契丹人才被视为蒙古人，这就说明元朝对待国内的契丹人有一定的差别。

明朝时，元朝遗绪组成兀良哈三卫，居契丹故地。许多学者专家认为，兀良哈三卫就是契丹人的后裔。如当代历史学者李健才所撰的《明代兀良哈三卫》一文，及另一当代学者孙进己所著的《东北民族源流》都指出，明代兀良哈三卫“本东胡遗种”，“有契丹以来的遗风”。

兀良哈三卫的根据地大约是在今天的辽宁省朝阳市凌源市到喀喇沁左翼蒙古族自治县，以及赤峰市喀喇沁镇一带地方。该地原是契丹人的大本营，加上明朝聚居在这三卫的人，在发式上是髡发秃头，与蒙古族的辫发索头迥异，所以可推论喀喇沁部蒙古人是契丹人的后裔。

四、融入女真族

金朝建立后，女真族成为统治阶层，拥有绝对的政治、经济优势。许多契丹人为了在女真族的统治下为官或经商，自然而然就女真化了。元朝文人陶宗仪在其所著的《辍耕录》中写道：“金人（女真族）姓氏中，有石抹曰萧、移剌曰刘。”石抹、移剌都是契丹姓，而移剌可能就是耶律的另一种音译，女真化后，改石抹为萧，改移剌为刘。另外，还有不少契丹人被女真贵族掳去充当奴仆，时间一久，这些契丹奴仆也都女真化了。

五、融入汉人

辽朝统治华北地区时，在人数上仍然是“少数民族”。汉人历史悠久，而且经过长时间的演化，孕育出最适合华北地区的生活方式及文化，这一切都使得居于统治地位的契丹人羡慕不已。不知不觉中，这些契丹人模仿汉人的生活方式及语言文字，逐渐汉化。虽然有许多契丹人汉化了，但契丹人作为统治者，他们的言行举止难免也被汉人所模仿，两个民族逐步交融。

女真统治了华北地区后，虽然吸纳了一些契丹人，但是最后也和契丹人一样，与汉人混融了，形成更新的汉人与汉文化。蒙古灭金后，只要是会说汉语的一律视同汉人，从这方面看，融入汉人应该是契丹人的最主要去向。

任何一本中国民族史都清楚地告诉我们，秦汉时期的汉人已经包括了华夏系、东夷系、百越系、荆吴系这四大民族。秦汉时期的汉人充其量只有四分之一的炎黄子孙血统。东汉和西汉一直都与北方的匈奴作战，《史记》《汉书》及《后汉书》都有记载，许多匈奴人投降汉朝，或为汉朝所俘，这些匈奴人后来融入了汉人。可以这么说，魏晋时期的汉人已经在秦汉时汉人的内涵中融入了匈奴的血统。

西晋国祚短暂，北方匈奴、鲜卑、羯、氐、羌、泸水胡等各胡族先后建立起二十多个政权，最后被鲜卑族拓跋部的北魏统一。北魏声威远播，西域昭武九姓的十几个绿洲国家的商队更经常往来于北魏经商，很多人都留下定居，成为北魏的子民。

北魏后来分裂为东魏和西魏，再分别演变成北齐和北周，最后为隋所灭，隋灭南朝陈之后，天下重归统一。隋很快被李唐取代，这时匈奴、鲜卑、羯等族之名不再见于文献，显然已经融入隋唐时的汉人之中，唐代汉人的内涵进一步扩大。而隋唐多元且璀璨的文化至今还被中外所津津乐道。

之后，五代十国中的后唐、后晋、后汉的建国者都是西域胡族的后裔;十国中的北汉也是胡族后裔。契丹、女真、党项先后兴起，最后被元朝统一。元朝时的汉人又增加契丹、女真以及部分党项羌。明朝建立后，境内为数极多的蒙古族就成为明朝的子民，久而久之就成为明代的汉人。至于清朝，情形也是如此。

附录：大辽王朝大事年表

辽／西辽年号	公元	大事	中原王朝年号
	907 年	耶律阿保机即汗位。	后梁太祖开平元年
辽太祖神册元年	916 年	耶律阿保机称帝，是为辽太祖，建元神册。	后梁末帝贞明二年
辽太祖天赞五年	926 年	契丹攻灭渤海，改渤海为东丹，以耶律倍为东丹王。阿保机驾崩，由述律太后摄政。	后唐明宗天成元年
辽太宗天显二年	927 年	耶律德光即位，是为辽太宗。 尊述律太后为应天皇太后。	天成二年
辽太宗天显十三年	938 年	辽取得燕云十六州，升幽州为南京。	后晋高祖天福三年
辽太宗会同十年	947 年	耶律德光改国号契丹为辽。耶律德光北返途中驾崩。耶律阮即位，是为辽世宗。	天福十二年
辽世宗天禄五年	951 年	辽世宗为察割所弑。寿安王耶律璟即位，是为辽穆宗。	后周太祖广顺元年
辽穆宗应历十九年	969 年	耶律璟为近侍所弑，耶律贤即位，是为辽景宗。	宋太祖开宝二年
辽景宗乾亨四年	982 年	耶律贤南侵失败，之后驾崩，子隆绪奉遗诏即位，是为辽圣宗，由皇太后萧燕燕摄政。	宋太宗太平兴国七年
辽圣守统和元年	983 年	辽群臣上萧燕燕尊号“承天皇太后”。	太平兴国八年
辽圣宗统和四年	986 年	辽挫败北宋三路大军。	宋太宗雍熙三年
辽圣宗统和二十二年	1004 年	辽宋订立澶渊之盟。	宋真宗景德元年
辽圣宗统和二十五年	1007 年	承天太后病故。	景德四年
辽圣宗太平十一年	1031 年	辽圣宗驾崩，由耶律宗真即位，是为辽兴宗。	宋仁宗天圣九年
辽兴宗重熙二年	1033 年	辽法天太后杀害齐天太后，后法天太后被软禁。	宋仁宗明道二年
辽兴宗重熙十三年	1044 年	辽兴宗亲征西夏，失败。	宋仁宗庆历四年
辽兴宗重熙二十四年	1055 年	辽兴宗驾崩，耶律洪基即位，是为辽道宗。	宋仁宗至和二年
辽道宗清宁九年	1063 年	辽平定重元叛乱。	宋仁宗嘉祐八年
辽道宗大康元年	1075 年	“十香词”冤案，辽道宗赐皇后萧观音自尽。	宋神宗熙宁八年

续表

辽／西辽年号	公元	大事	中原王朝年号
辽道宗大安三年	1087 年	耶律大石诞生。	宋哲宗元祐二年
辽道宗大安五年	1089 年	西喀喇汗国成为塞尔柱王朝附属。	元祐四年
辽道宗寿昌七年	1101 年	辽道宗于混同江行宫驾崩，耶律延禧即位，是为辽天祚帝。	宋徽宗建中靖国元年
辽天祚帝乾统三年	1103 年	完颜氏统一生女真各部。	宋徽宗崇宁二年
辽天祚帝天庆二年	1112 年	辽天祚帝于松花江钓鱼，完颜阿骨打鱼头宴抗命。	宋徽宗政和二年
辽天祚帝天庆四年	1114 年	阿骨打伐辽，获胜。	政和四年
辽天祚帝天庆五年	1115 年	阿骨打称帝，国号“大金”，建元“收国”。是为金太祖。辽天祚帝亲征阿骨打。	政和五年
辽天祚帝天庆六年	1116 年	渤海高永昌在辽东京谋反。金陷东京。耶律大石出任边前线泰州刺史。	政和六年
辽天祚帝天庆十年	1120 年	金军攻占辽上京，辽中京危在旦夕。 金与南宋约定共击辽朝。 耶律大石任辽兴军节度使。	宋徽宗宣和二年
辽天祚帝保大二年	1122 年	金占辽中京，辽天祚帝出逃。 三月，耶律大石与萧干等拥耶律淳为帝，称天锡皇帝，改元建福，史称“北辽”。 六月，北辽耶律淳病死，由妻萧德妃为皇太后，摄政，改元德兴，耶律大石与四军大王萧干掌握朝政。 七月，宋发兵二十万攻辽。 十月，耶律大石与萧干统兵二万以抗宋军，又获大胜。 十二月，金军取居庸关，萧德妃逃至松亭关，耶律大石投奔天祚帝。	宣和四年
辽天祚帝保大三年	1123 年	金太祖病逝，弟吴乞买即帝位，是为金太宗。 九月，耶律大石自金营逃回天祚帝处，并带回一支军队。	宣和五年
辽天祚帝保大四年	1124 年	辽耶律大石自立为王，改元延庆。是为西辽德宗。	宣和六年
辽天祚帝保大五年	1125 年	辽天祚帝为金将娄室所获，辽亡。	宣和七年
西辽德宗延庆六年	1129 年	耶律大石遣使持国书至宋，使者被西夏所截。 耶律大石发兵取金北部三营。	南宋高宗建炎三年
西辽德宗延庆七年春	1130 年	西域塞尔柱苏丹桑贾尔占领撒马尔罕。 耶律大石西征，过高昌回鹘汗国，受到回鹘王毕勒哥隆重欢迎。但西进今吉尔吉斯时遭当地居民强烈抵抗。	建炎四年
西辽德宗延庆八年	1131 年	金发兵一万骑北攻可敦城，为耶律大石军所败。	南宋高宗绍兴元年

续表

辽／西辽年号	公元	大 事	中原王朝年号
西辽德宗延庆九年二月	1132 年	耶律大石称帝，正式成立西辽。	绍兴二年
西辽德宗延庆九至十年	1132—1133 年	高昌回鹘汗国归附西辽耶律大石。 耶律大石进攻喀什噶尔，被东喀喇汗国所败。	绍兴二至三年
西辽德宗延庆十一年	1134 年	耶律大石应东喀喇汗国之请，进军国都巴拉沙衮。 东喀喇汗国成为西辽附属。 耶律大石以虎思斡耳朵为国都，改延庆十一年为康国元年。 三月，耶律大石以萧斡里剌为兵马元帅，率骑兵七万东向伐金，无功而返。	绍兴四年
西辽德宗康国二年	1135 年	金熙宗完颜亶派粘罕征西辽，双方大战数日，粘罕败归。	绍兴五年
西辽德宗康国四年	1137 年	五至六月，西辽军经费尔干纳谷地与西喀喇汗国汗马赫穆德·伊本·穆罕默德交战，西辽获胜，马赫穆德逃回萨末鞑。	绍兴七年
西辽德宗康国五年	1138 年	塞尔柱苏丹桑贾尔与附属国花剌子模发生武力冲突。	绍兴八年
西辽德宗康国六至七年	1139—1140 年	花剌子模攻占布哈拉。	绍兴九至十年
西辽德宗康国八年	1141 年	河中地区西喀喇汗国大汗与所属葛逻禄人发生冲突。 七月，塞尔柱苏丹桑贾尔应西喀喇汗国之请，集结十余万骑兵，进攻葛逻禄，耶律大石应葛逻禄请求，率军赴援。 九月，桑贾尔军与耶律大石军在萨末鞑以北进行决战大败。耶律大石领兵进入撒马尔罕，改撒萨末鞑为河中府，西喀喇汗国遂成为西辽附属。 耶律大石派额儿布思出兵花剌子模，迫使花剌子模向西辽称臣。	绍兴十一年
西辽德宗康国十年	1143 年	耶律大石驾崩，庙号德宗，其子耶律夷列年幼，由太后萧塔不烟权国，号感天太后，次年改元咸清。	绍兴十三年
西辽感天皇后咸清三年	1146 年	金使粘割韩奴抵达西辽直辖地，因出言不逊，被萧塔不烟杀之。	绍兴十六年
西辽感天皇后咸清七年	1150 年	耶律夷列亲政。	绍兴二十年
西辽仁宗绍兴元年	1151 年	西辽王朝进行人口调查。	绍兴二十一年
西辽仁宗绍兴六年	1156 年	西喀喇汗国与葛逻禄发生冲突，双方大战于饥饿草原。西喀喇汗国领袖被杀，由阿里·本·哈桑嗣立，称恰克雷汗。	绍兴二十六年

续表

辽／西辽年号	公元	大 事	中原王朝年号
西辽仁宗绍兴八至九年	1158—1159 年	西喀喇汗国恰克雷汗杀葛逻禄军队大首领比古汗。	绍兴二十八至二十九年
西辽仁宗绍兴十三年	1163 年	耶律夷列死，庙号仁宗，因其子年幼，诏由妹耶律普速完掌权，号承天皇后。	南宋孝宗隆兴元年
西辽承天皇后崇福元年	1164 年	承天皇后令葛逻禄人迁往喀什噶尔，引起葛逻禄人暴动。西喀喇汗国军队镇压暴动，葛逻禄人在河中地区势力从此衰微。	隆兴二年
西辽承天皇后崇福二年	1165 年	西辽占领阿姆河以南巴尔赫及其附近地区。	南宋孝宗乾道元年
西辽承天皇后崇福七年	1170 年	西辽与西喀喇汗国集结军队，与花剌子模派遣的葛逻禄人阿亚尔伯克在阿姆河交战，花剌子模大败，阿亚尔伯克被俘。	乾道六年
西辽承天皇后崇福九年十二月	1172 年	承天皇后命其夫萧朵鲁率大军护送特克什回国。苏丹沙赫及其母闻讯逃亡，特克什遂为花剌子模沙赫（汗）。	乾道八年
西辽承天皇后崇福十四年	1177 年	承天皇后被萧斡里剌所杀。	南宋孝宗淳熙四年
西辽末帝天禧元年	1178 年	耶律直鲁古继位，改元天禧。	淳熙五年
西辽末帝天禧十年	1187 年	花剌子模特克什占领呼罗珊首府尼沙普尔。	淳熙十四年
西辽末帝天禧十五年	1192 年	花剌子模出征今伊朗地区。	南宋光宗绍熙三年
西辽末帝天禧十七年	1194 年	花剌子模占领今伊拉克地区。	绍熙五年
西辽末帝天禧十九年	1196 年	花剌子模军队与巴格达军队交战，获胜。	南宋宁宗庆元二年
西辽末帝天禧二十至二十一年	1197—1198 年	古尔王朝向外扩张，占领巴尔赫。巴尔赫停止向西辽缴纳贡赋。	庆元三至四年
西辽末帝天禧二十一年	1198 年	四至五月，西辽派塔阳古率军出征古尔王朝，遭到惨败。 耶律直鲁古派兵讨伐花剌子模，失败而返。	庆元四年
西辽末帝天禧二十三年	1200 年	花剌子模摩诃末继位。	庆元六年
西辽末帝天禧二十六至二十七年	1203—1204 年	古尔王朝与花剌子模再次交战，并进军花剌子模境内。	南宋宁宗嘉泰三年至四年
西辽末帝天禧二十七年	1204 年	九至十月，西辽军队与古尔王朝军队激战，西辽大胜，花剌子模占领呼罗珊。	嘉泰四年
西辽末帝天禧二十八年	1205 年	古尔王朝军队占领忒耳迷。	南宋宁宗开禧元年

续表

辽／西辽年号	公元	大 事	中原王朝年号
西辽末帝天禧二十九年	1206年	花剌子模从古尔王朝手中夺得巴尔赫，并攻下忒耳迷，交还西辽。 桑贾尔领导布哈拉人民，推翻“布尔罕王朝”。花剌子模摩诃末率军攻入布哈拉，杀死桑贾尔。 铁木真攻灭乃蛮部，乃蛮部首领太阳汗死，子屈出律逃亡西域。铁木真即大汗位，称“成吉思汗”。	开禧二年
西辽末帝天禧三十一年	1208年	屈出律投奔西辽，得西辽末帝耶律直鲁古接纳，并将女儿嫁给他。	南宋宁宗嘉定元年
西辽末帝天禧三十二年	1209年	高昌回鹘汗国宣布脱离西辽，归顺蒙古。	嘉定二年
西辽末帝天禧三十三年	1210年	摩诃末杀西辽收贡使，起兵反辽。 西喀喇汗国归顺花剌子模。 摩诃末率军东进，与西辽军队大战，花剌子模获胜，占领河中地区。	嘉定三年
西辽末帝天禧三十四年	1211年	葛逻禄部阿尔斯兰汗归顺蒙古。 秋，屈出律篡西辽帝位，尊西辽末帝为太上皇。 东喀喇汗国亡。	嘉定四年
	1212年	西喀喇汗国亡。	嘉定五年
	1213年	西辽末帝驾崩。喀什与和田归顺屈出律。	嘉定六年
	1217年	蒙古帝国势力进入西辽，屈出律逃离虎思斡耳朵。	嘉定十年
	1218年	屈出律被杀，西辽彻底灭亡。	嘉定十一年